**DK LLUNDAIN**
**Golygwyd gan** Clare Lloyd, James Mitchem
**Golygydd Prosiect** Charlotte Bull
**Testun gan** Ben Hubbard, Wil Mara, Andrea Mills, Joe Norbury, Becky Walsh, Graeme Williams
**Cynlluniwyd gan** Hannah Moore, Rhys Thomas, Sadie Thomas
**Cyfarwyddwr Golygu** Penny Smith
**Cyfarwyddwr Golygu Celf** Mabel Chan
**Golygydd Cynhyrchu** Dragana Puvavic
**Rheolwr Cynhyrchu** John Casey
**Cynllun Siaced** Charlotte Bull
**Cydlynydd Siaced** Issy Walsh
**Cyfarwyddwr Cyhoeddi** Sarah Larter

**DK DELHI**
**Uwch Olygydd Celf** Nidhi Mehra
**Golygydd Cynorthwyol** Niharika Prabhakar
**Ymchwilydd Lluniau'r Prosiect** Sakshi Saluja
**Cyfarwyddwr Golygu** Monica Saigal
**Cyfarwyddwr Golygu Celf** Romi Chakraborty
**Delhi Team Head** Malavika Talukder

Cyhoeddwyd gyntaf ym Mhrydain yn 2020
gan Dorling Kindersley Limited
DK, One Embassy Gardens, 8 Viaduct Gardens,
Llundain, SW11 7BW

Hawlfraint © 2020 Dorling Kindersley Limited
Cwmni Penguin Random House
10 9 8 7 6 5 4 3 2 1
001–317734–Sep/2020

Cyhoeddwyd gyntaf yn Gymraeg gan Rily Publications Ltd 2021
Rily Publications Ltd, Blwch Post 257, Caerffili CF83 9FL

ISBN: 978-1-84967-579-6

Hawlfraint y testun Cymraeg © Rily Publications Ltd

Addasiad Siân Lewis.

Cedwir pob hawl.

Argraffwyd a rhwymwyd yn China

Mae'r cyhoeddwr yn cydnabod cefnogaeth
ariannol Cyngor Llyfrau Cymru.

www.rily.co.uk
www.dk.com

Cynhyrchwyd ar bapur o fforestydd y Forest Stewardship Council™.

# Cynnwys

## Anturiaethwyr a darganfyddwyr

- 10 Cyfieithydd campus
- 12 Llongwr Llychlyn
- 14 Darganfod y Dwyrain
- 16 Anturiaethwr anhygoel
- 18 Teithiau trysor
- 20 Enwi'r Americas
- 22 Hwylio o amgylch y byd
- 24 Cyfle euraid
- 26 Teithiwr enwocaf China
- 28 Pererindod fawr
- 30 Taith y botanegydd dirgel
- 32 Galwad y gwyllt
- 34 Brenhines y môr-ladron
- 36 Mapio Awstralia
- 38 Antur Americanaidd
- 40 Arwain y ffordd
- 42 Y ddinas goll
- 44 Ras i'r Arctig
- 46 Y ras i Begwn y De
- 48 Yn gaeth yn yr iâ
- 50 Bedd y brenin ifanc
- 52 Cyrraedd y copa
- 54 Y gofodwr cyntaf
- 56 Taith i'r Lleuad
- 58 Darganfod y fyddin terracotta
- 60 Antur yn Anialdir Awstralia
- 62 Ar ben y byd
- 64 Dirgelwch y dyfnder

## Gwyddonwyr a dyfeiswyr

68 Mathemategwr meistrolgar
70 Argraffydd arloesol
72 Seryddwr mewn carchar
74 Canlyn comed
76 Botanegydd brwd
78 Fflach o ysbrydoliaeth
80 Mam cyfrifiadureg
82 Dau berson, un syniad
84 Darganfod deinameit
86 Gwyddonydd gwych
88 Hap a damwain
90 Rhaglennydd rhagorol
92 Dyfeisiwr nwdls parod
94 Cysylltu'r byd
96 Anelu am y Lleuad
98 Crwydro'r gofod
100 Ar blaned Mawrth
102 Y peiriant rhyfeddol
104 Llun y llyncwr

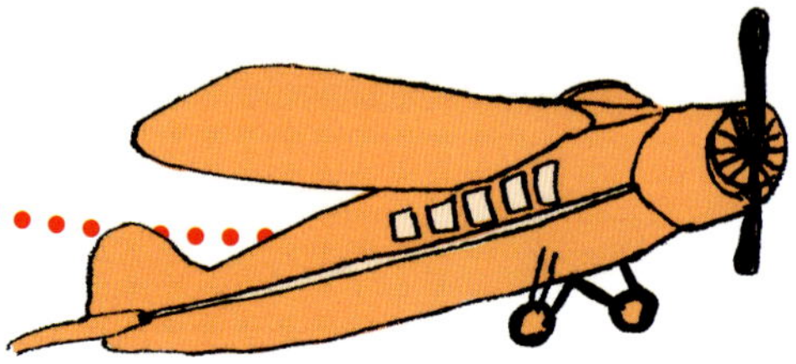

## Arloeswyr a sylfaenwyr

- 108 Antur annisgwyl
- 110 Croesi'r Delaware
- 112 Chwilio am ffosilau
- 114 Cloddio am aur
- 116 Y ffordd i ryddid
- 118 Hwylio i ryddid
- 120 Newyddiadurwraig ar grwydr
- 122 O'r Dwyrain i'r Gorllewin ac yn ôl
- 124 Ymladd am hawliau
- 126 Dysgu hedfan
- 128 Brenhines yr awyr
- 130 Byd o ryfeddodau
- 132 Gorymdaith ryddid
- 134 Dros ferched Sbaen
- 136 Peilot arloesol
- 138 Astudio anifeiliaid
- 140 Anelu am y sêr
- 142 Rhwyfwr rhyfeddol
- 144 Antur i un
- 146 Cyfaill y crocodeil
- 148 Dysgu dal ati
- 150 Herio'r tonnau

## Adeiladwyr, pobl greadigol a meddylwyr

154 Stori sidan
156 Yr athronydd doeth a theg
158 Cofeb drwy'r canrifoedd
160 Mesur y Ddaear
162 Dinas gudd
164 Campwaith Michelangelo
166 Cawr cerddorol
168 Amser stori
170 Hanes y stori iasoer
172 Ysbrydoli eraill
174 Pontio'r afon
176 Rhodd o ryddid
178 Straeon antur
180 Archwilio Gorllewin Affrica
182 Campwaith anorffenedig
184 Antur dan y dŵr
186 Does unman yn debyg i gartref
188 Peintiwr pop
190 Dyn yn erbyn peiriant
192 Mynegai
194 Cydnabyddiaethau

# Anturiaethwyr a

# darganfyddwyr

Drwy hanes, mae pobl anturus a beiddgar wedi **mentro popeth** er mwyn darganfod gwledydd pell ac archwilio mannau dieithr. Dim ond y dewraf all fentro fel hyn, felly cymer anadl, tro'r dudalen, ac ymuna yn yr antur.

# Cyfieithydd campus

Roedd y mynach hwn **yn glyfar dros ben** ac yn deithiwr hefyd. Helpodd i ddod â chrefydd y Bwdha i China.

## Cychwyn cyffrous

Ar ddechrau'r 7fed ganrif, dysgodd **Xuanzang** am Fwdhaeth, drwy astudio gweithiau cysegredig. Aeth ati i **gyfieithu**'r hen ddogfennau hyn, a phenderfynodd droi'n Fwdhydd. Roedd Xuanzang eisiau dysgu mwy am y grefydd, ond roedd Ymerawdwr China wedi gwahardd pawb rhag gadael y wlad.

## Dianc yn y dirgel

Un noson, cychwynnodd Xuanzang ar **bererindod ddirgel i India**. Teithiodd tua'r gorllewin, drwy anialdiroedd a mynyddoedd, gan gwrdd â phobl o wahanol ddiwylliannau a chredoau. Yn India, bu'n hwylio ar hyd Afon Ganges, yn rhyfeddu at fannau sanctaidd y Bwdhyddion, ac yn astudio yng nghwmni meddylwyr mawr.

> Ysgrifennodd Xuanzang lyfr yn llawn storïau am y llefydd welodd e ar ei daith.

Yn ystod ei bererindod, teithiodd Xuanzang ar hyd y Ffordd Sidan – ffordd fasnach enwog.

> Diolchodd y Brenin Harsha o Ogledd India i Xuanzang am ei waith pwysig.

## Dod adre'n ôl

16 mlynedd yn ddiweddarach, daeth Xuanzang yn ôl i China, yn llawn gwybodaeth newydd. Roedd Ymerawdwr China wrth ei fodd yn clywed am y pethau ddysgodd Xuanzang yn ystod ei **anturiaethau tramor**. Yn dilyn ei bererindod ddewr, lledaenodd y grefydd Fwdhaidd i China a gwledydd eraill.

# Llongwr Llychlyn

> Mae sagâu Gwlad yr Iâ yn gymysgedd o ffaith a ffuglen, felly wyddon ni ddim faint o stori Leif sy'n fanwl gywir.

> Croeso i wlad y grawnwin!

Mae llawer yn meddwl mai Christopher Columbus oedd yr Ewropead cyntaf i gyrraedd y **Byd Newydd**, ond digon posib bod y morwr hwn o Lychlyn wedi cyrraedd 500 mlynedd o'i flaen.

## Dilyn ei dad

Yn ôl yr hen storïau, neu 'sagâu', tyfodd **Leif Erikson** i fyny yng Ngwlad yr Iâ. Bryd hynny, roedd y Llychlynwyr yn hwylio'r moroedd ac yn dwyn trysorau o'r gwledydd ar hyd eu glannau. Leif oedd ail fab Erik Goch, yr arweinydd enwog a ddarganfu'r Ynys Werdd, ac roedd yn benderfynol o deithio'n bellach na'i dad hyd yn oed.

## Byd Newydd

Tua OC1000, cychwynnodd Erikson a'i griw ar daith i chwilio am wledydd newydd. Hwylion nhw heibio'r Ynys Werdd, ac ymlaen tua'r gorllewin nes darganfod y **Byd Newydd**. Glanion nhw ar arfordir dwyreiniol y cyfandir a elwir heddiw yn Ogledd America, mwy na thebyg ar lannau Tir Newydd, Canada.

L'Anse aux Meadows yw'r unig fan yng Ngogledd America lle mae olion y Llychlynwyr. Ond ai dyma Vinland? Dyw archaeolegwyr ddim yn hollol siŵr!

Galwodd Erik y wlad newydd yn 'Vinland', am fod llawer o rawnwin yn tyfu yno. Ar ôl rhai misoedd, hwyliodd adre, ac aeth e byth yn ôl.

# Darganfod y Dwyrain

Marchnatwr o'r Eidal oedd Marco Polo. Pan oedd yn 17 oed, aeth ar **daith i China** – a dyna gychwyn ei anturiaethau rhyfeddol.

Teithiodd Marco gyda'i dad a'i ewyrth.

Ewrop
Fenis

### Antur i'r Dwyrain

Yn 1271, ar ôl gadael eu cartref yn Fenis yn yr Eidal, teithiodd y tri Polo tua'r dwyrain. Roedd Ymerawdwr China, **Kublai Khan**, wedi gofyn am olew sanctaidd a llythyr gan y Pab. Am bedair blynedd teithiodd y tri ar hyd hen ffordd fasnach – sef y *Ffordd Sidan*, erbyn hyn – nes cyrraedd gatiau palas ysblennydd Kublai Khan yn Shangdu, China.

## Croeso brenhinol

Roedd Kublai Khan yn falch iawn o weld y tri dyn a chafodd Marco'i wneud yn aelod pwysig o'r llys brenhinol. Am yr 17 mlynedd nesaf, aeth Marco ar sawl trip drwy **Asia** ar ran yr Ymerawdwr.

**Asia**

Taith Marco

Shangdu

## Agoriad llygad

Ychydig iawn o Ewropeaid oedd erioed wedi teithio mor bell, ac roedd Marco'n **rhyfeddu at bopeth**. Gwelodd sidanau hardd, sbeisys blasys, a hyd yn oed farcutiaid a thân gwyllt. Ond y rhyfeddod mwyaf i Marco oedd gweld y Chineaid yn defnyddio arian papur yn lle arian ac aur.

Taith Marco yn ôl i Fenis

## Anodd credu!

Ar ôl i Marco gyrraedd adref yn 1295, ysgrifennodd lyfr – *Il Milione* – am ei anturiaethau. Ond roedd pobl yn **methu credu'r** storïau ac yn galw'r llyfr yn 'Y Miliwn Celwydd'. Hyd heddiw, does neb yn siŵr faint o'r storïau sy'n hollol wir.

# Anturiaethwr anhygoel

Dechreuodd yr ysgolhaig hwn deithio pan oedd yn ddyn ifanc. Treuliodd 30 mlynedd yn teithio o le i le, cyn mynd ati i ysgrifennu un o'r **llyfrau taith** cyntaf erioed.

## Pererindod sanctaidd

Yn 1325, pan oedd yn 21 oed, gadawodd yr anturiaethwr **Ibn Battuta** ei gartref ym Morocco a mynd ar bererindod grefyddol i Mecca, sydd heddiw yng ngwlad Saudi Arabia. Roedd y daith yn anodd, a dioddefodd afiechyd ac ymosodiadau gan ladron. Ond daliodd ati a chyrraedd Mecca ymhen 16 mis.

Ibn Battuta

Heddiw, mae miliynau o Fwslemiaid yn mynd ar bererindod grefyddol i Mecca bob blwyddyn.

# Pell ac agos

Ar ôl y daith i Mecca, cafodd Battuta flas ar anturio a phenderfynodd fynd yn bellach fyth! Am flynyddoedd bu'n teithio i lefydd fel Timbuktu, Afghanistan, India, a China. Roedd yn benderfynol o **beidio â theithio yr un ffordd ddwywaith** – ac eithrio'r ffordd i Mecca.

## Adre'n ôl

Aeth Battuta adref yn 1354 ac ysgrifennodd am ei anturiaethau mewn llyfr o'r enw *Rihla*, sef '**Y Daith**' yn Arabeg. Roedd y storïau mor syfrdanol, doedd dim llawer yn eu credu! Ond mae *Rihla* yn dal yn llyfr pwysig, sy'n adrodd hanes un o'r anturiaethwyr mwyaf rhyfeddol a fu erioed.

> Mae'n bosib 'mod i wedi teithio'n bellach nag unrhyw anturiaethwr ar wyneb y Ddaear.

# Teithiau **Trysor**

Rhwng 1405 ac 1433, arweiniodd **Zheng He** lynges enfawr Ymerawdwr China ar saith mordaith fawr.

## Anrhegion ardderchog

Pan hwyliodd Zheng gyntaf, roedd 300 llong dan ei ofal! Roedd y llongau'n llawn **anrhegion**, gan gynnwys sidanau a phlatiau patrymog, yn ogystal â channoedd o filwyr, seryddwyr, doctoriaid ac ysgolheigion. Roedd e eisiau gwneud argraff ar bawb a welai ar y daith.

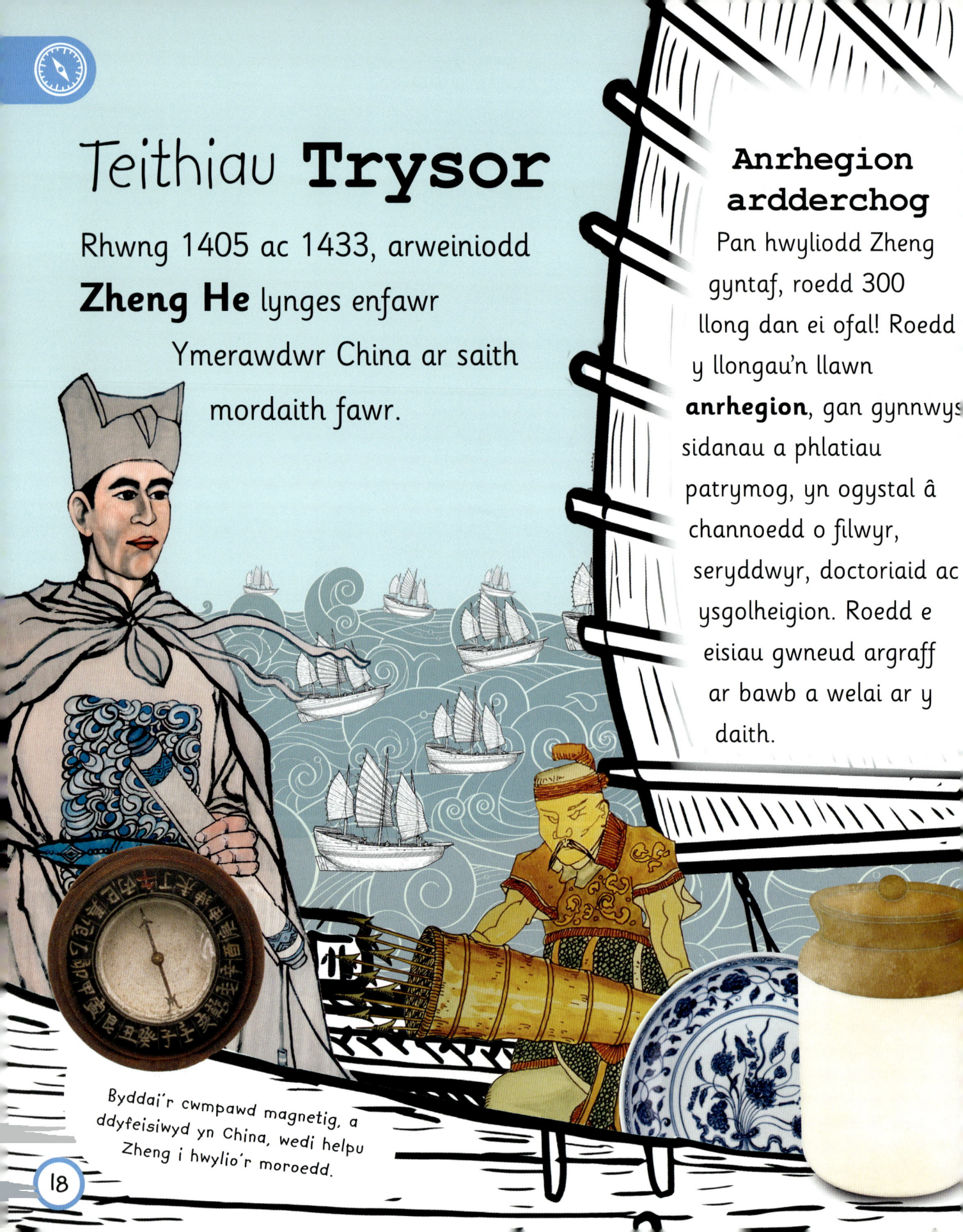

Byddai'r cwmpawd magnetig, a ddyfeisiwyd yn China, wedi helpu Zheng i hwylio'r moroedd.

## Canu clod

Bwriad Zheng wrth deithio o gwmpas Asia ac Affrica oedd sôn wrth bawb am **Yongle**, Ymerawdwr China. Er bod Yongle eisoes yn rheoli ymerodraeth enfawr, roedd e eisiau bod yn fyd-enwog.

Yr Ymerawdwr Yongle

Daeth Zheng yn ôl â thrysorau dirifedi ac anifeiliaid ecsotig.

## Anturiaethau arwrol

Ymwelodd Zheng â thros 30 gwlad, gan dynnu sylw pawb at bŵer China. Daeth ag anrhegion yn ôl, gan gynnwys **ifori**, **sbeisys**, a hyd yn oed brenin gelyniaethus oedd wedi'i gipio ganddo! Roedd ei fordeithiau'n llawn cyffro. Ataliodd wrthryfel môr-ladron, a gwyliodd seremoni goroni un o frenhinoedd India.

# Enwi'r **Americas**

Wyt ti erioed wedi dyfalu sut cafodd Gogledd a De America eu henwi? A phwy benderfyrodd ar yr enwau? Wel newyddion drwg – does neb yn hollol siŵr!

*Amerigo Vespucci*

> Yn fy nghyfnod i, roedd pawb yn meddwl mai dim ond tair rhan oedd i'r byd: Ewrop, Affrica ac Asia. Dyna pam y cafodd yr Americas eu galw'n Fyd Newydd.

## Y Byd Newydd

Roedd yr Eidalwr **Amerigo Vespucci**, yn mynnu mai fe wnaeth ddarganfod Y Byd Newydd yn 1497, ar ôl hwylio i'r wlad a elwir erbyn hyn yn Brasil. Ond dyw hyn ddim yn wir – roedd Christopher Columbus, a'r Llychlynwr Leif Erikson, wedi hwylio yno o'i flaen, ac roedd y brodorion wedi byw yno ers cenedlaethau.

**Gogledd America**

Heddiw mae Gogledd America a De America yn ddau gyfandir gwahanol.

Christopher Columbus

De America

Teithiais i'r Byd Newydd cyn Amerigo, ond ro'n i'n meddwl ei fod yn rhan o Asia.

Y map cyntaf i ddefnyddio'r enw America.

## Map o'r byd

Er nad Amerigo oedd y cyntaf i gyrraedd y Byd Newydd, hwyliodd yno'n gynnar iawn, ac mae'n bosib iawn mai fe oedd yr Ewropead cyntaf i sylweddoli bod hwn yn **gyfandir ar wahân**.

## Rhoi America ar y map

Yn 1507, tynnodd mapiwr enwog lun y cyfandir newydd a'i alw'n **America**. Mae'r enw wedi para! Mae llawer yn credu ei fod wedi dewis yr enw ar ôl clywed hanes Amerigo Vespucci. Ond mae sawl damcaniaeth wahanol. Efallai ei fod wedi defnyddio enw cadwyn o fynyddoedd. Hyd heddiw, does neb yn siŵr.

# Hwylio o amgylch **y byd**

Yn 1519, hwyliodd 5 llong o Sbaen ar fordaith hanesyddol. Roedd 200 o forwyr ar eu bwrdd, ond dim ond 18 ddaeth adre'n ôl. Yr 18 morwr hynny oedd y cyntaf erioed i hwylio **o amgylch y byd**. Ond nid dyna oedd y bwriad …

## Cael blas

Roedd Charles I, Brenin Sbaen, eisiau darganfod ffordd dros y môr i'r **Ynysoedd Sbeis** (Ynysoedd Maluku yn Indonesia). Roedd yr ynysoedd yma'n llawn sbeisys gwerthfawr, fel clofs, nytmeg, a sinamon.

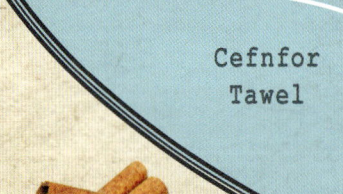

sinamon

clofs

# Cynllun Magellan

Cafodd **Ferdinand Magellan**, llongwr o Bortiwgal, syniad. I gyrraedd yr Ynysoedd Sbeis, beth am hwylio tua'r **gorllewin**, heibio'r Americas? Cytunodd Brenin Sbaen, a hwyliodd Magellan a'i **bum llong** yn 1519.

Ystyr 'cylchhwylio' yw hwylio o gwmpas rhywbeth.

Ferdinand Magellan

## Mordaith enbyd

Roedd y fordaith yn **beryglus iawn**. Wynebodd y criw stormydd, gwrthryfel, afiechyd a newyn. Ar ôl dwy flynedd, dim ond dwy long gyrhaeddodd yr Ynysoedd Sbeis, ac ar y ffordd yno lladdwyd Magellan ei hun mewn brwydr.

**1519** Pum llong yn gadael Sbaen

**1522** Un llong yn cyrraedd yn ôl

**1521** Dwy long yn cyrraedd yr Ynysoedd Sbeis

**1521** Magellan yn cael ei ladd mewn brwydr yn y Philipinau

Sbaen · CYCHWYN · Ewrop · Affrica · Cefnfor yr Iwerydd · Cefnfor India · Asia · YNYSOEDD SBEIS · Awstralia · Cefnfor Tawel

Dim ond un llong oedd mewn cyflwr digon da i hwylio yn ôl i Sbaen.

Roedd Magellan a'i forwyr ymysg yr Ewropeaid cyntaf i weld pengwiniaid.

# Cyfle **euraid**

Hwyliodd y morwr beiddgar hwn **o amgylch y byd** ar ei long wych *Golden Hind*, er clod i'w frenhines a'i wlad.

"Dwi ddim yn casáu'r tir. Ond mae'n well gen i fywyd ar y môr." – Francis Drake

### Môr-leidr proffesiynol

Cafodd **Francis Drake** ei fagu ger arfordir Lloegr a daeth yn **breifatîr** (môr-leidr swyddogol). Ei dasg oedd dwyn trysor o longau Sbaen. Roedd e mor llwyddiannus, gofynnodd y Frenhines Elizabeth I i Drake fynd i Dde America i hawlio tiroedd newydd. .

Roedd y Sbaenwyr yn galw Francis Drake

*Pelican oedd enw gwreiddiol y Golden Hind.*

## Concro'r tonnau

Yn 1577, hwyliodd Drake ar y *Golden Hind* gyda'i lynges fechan. Brwydrodd yn erbyn stormydd chwyrn a llongau Sbaen. Pan ddychwelodd yn 1580, fe oedd yr ail gapten llong i hwylio yr holl ffordd **o amgylch y byd**. Daeth â chyfoeth mawr hefyd.

*Golden Hind*

## Bywyd ar y môr

Roedd Drake yn arwr i rai, ond yn ddihiryn i eraill. Cafodd ei urddo'n farchog, a chael ei alw'n **Syr Francis Drake**. Daliodd ati i gael anturiaethau ar y môr, gan arwain y frwydr lwyddiannus yn erbyn Armada Sbaen, llynges o 130 o longau oedd yn paratoi i oresgyn Lloegr.

"EL DRAQUE", sef 'Y DDRAIG'.

# Teithiwr enwocaf China

Ar anogaeth ei fam, treuliodd **Xu Xiake** o China 30 mlynedd yn teithio o gwmpas ei wlad ac yn ysgrifennu am ei deithiau.

**Mynd a dod**

Pan oedd Xu ar ei daith ar ddechrau'r 1600au, **llinach Ming** – llinach lewyrchus iawn – oedd yn rheoli China. Roedd Xu'n benderfynol o weld cymaint o'i famwlad ag y gallai. Dros y blynyddoedd cafodd lawer o anturiaethau, gan gynnwys bwyta tafod iac yng nghwmni rheolwr lleol, colli ei esgidiau wrth groesi afon beryglus, a neidio i'r dŵr i osgoi môr-ladron!

## Banditiaid barus

Er i Xu fwynhau ei anturiaethau, wynebodd sawl **anhawster**. Byddai banditiaid yn dwyn ei eiddo, gan ei orfodi i gardota am fwyd a dibynnu ar garedigrwydd dieithriaid. Unwaith darllenodd Xu farddoniaeth yn gyfnewid am **fadarch**!

## Mwynhau byd natur

Roedd **byd natur** yn agos iawn at galon Xu. Unwaith eisteddodd am ddiwrnod cyfan yn gwrando ar eira'n disgyn, a byddai'n hoffi dilyn afonydd hyd at eu tarddiad. Mentrodd i lefydd anghysbell, gan gynnwys ogof lle, yn ôl y chwedl, roedd **draig** yn byw!

## Dyddiadur Taith Xu Xiake

Rydyn ni'n gwybod am deithiau Xu Xiake am ei fod wedi cadw dyddiadur **bob dydd**. Drwy ei waith, helpodd i greu map o China, a recordio hanes llefydd nad oedd neb wedi clywed amdanyn nhw. Ymhen amser casglwyd ei ddyddiaduron a'u cyhoeddi dan y teitl *Teithlun Xu Xiake*.

Heddiw, mae'r Chineaid yn dathlu Dydd Cenedlaethol Twristiaeth ar Fai 19, sef y dyddiad y cychwynnodd Xu ar ei deithiau.

# Pererindod **fawr**

Ar ôl cael eu gwahardd rhag dilyn eu crefydd yn Lloegr, penderfynodd grŵp o bobl o'r enw Pererinion adael y wlad. Yn 1620, hwylion nhw i ffwrdd i chwilio am **fywyd newydd**.

## Siwrnai beryglus

Ym mis Tachwedd 1620, ar ôl hwylio dros Gefnfor Iwerydd am 66 diwrnod, glaniodd y Pererinion ym Mae Massachusetts, sydd heddiw yng Ngogledd America. Roedden nhw wedi brwydro drwy stormydd garw ac amodau anodd, ond roedd rhagor o broblemau o'u blaenau. Roedd y tywydd yn rhewllyd, a **bwyd a chysgod** yn brin.

Dathlir DIWRNOD DIOLCHGARWCH

## Help llaw

Ymsefydlodd y Pererinion ar dir lle roedd llwyth o Americaniaid Brodorol y **Wampanoag** yn byw. Anfonodd y Pennaeth Massasoit ddynion i gwrdd â nhw. Ar ôl gweld eu bod mewn trafferth, dangosodd y Wampanoag i'r Pererinion sut i dyfu ŷd a ble i bysgota a hela.

*Mae tua 35 miliwn o bobl ar draws y byd yn ddisgynyddion i'r Pererinion!*

*Byddai'r Pererinion yn hela twrcïod gwyllt. Mae Americaniaid yn dal i fwyta twrci ar Ddiwrnod Diolchgarwch.*

## Y Diwrnod Diolchgarwch cyntaf

Diolch i'r Americaniaid Brodorol, llwyddodd y Pererinion i oroesi'r flwyddyn gyntaf yn eu cartref newydd. Yn ystod hydref 1621, casglon nhw eu cnydau, a gwahodd y Pennaeth Massasoit a Llwyth y Wampanoag i **rannu'r wledd**. Hwn oedd y Diwrnod Diolchgarwch cyntaf.

bob blwyddyn ar y pedwerydd dydd Iau ym mis Tachwedd.

# Taith y botanegydd dirgel

Y botanegydd Jeanne Baret oedd y wraig gyntaf i hwylio o amgylch y byd, ond roedd yn rhaid iddi **wisgo dillad dyn**!

Philibert Commerson

Jeanne Baret

*Gwyddonydd sy'n astudio planhigion yw botanegydd.*

## Botanegydd brwd

Howscipar i'r botanegydd Ffrengig Philibert Commerson oedd Jeanne Baret, ond **astudio planhigion** oedd ei diddordeb pennaf. Yn yr 1760au cafodd Commerson wahoddiad gan yr anturiaethwr Louis-Antoine de Bougainville i ymuno ag e ar fordaith wyddonol. Roedd Commerson eisiau i Jeanne ddod hefyd, ond bryd hynny **doedd menywod ddim yn cael teithio** ar longau llynges Ffrainc.

Louis-Antoine de Bougainville

Baret oedd y wraig gyntaf i hwylio

"Yn Brasil gwelais flodyn lliwgar, a'i alw'n Bougainvillea ar ôl Capten Bougainville."

Bougainvillea

## Cynllun cyfrwys

Sut aeth Jeanne ar fwrdd y llong? Gyda help Philippe, **gwisgodd ddillad dyn** a newid ei henw i Jean. Ar ôl cyrraedd **De America**, treuliodd y ddau flynyddoedd yn casglu a dosbarthu cannoedd o fathau newydd o blanhigion.

De America

## Y wraig gyntaf

Yr adeg honno doedd llawer o fenywod ddim yn cael cyfle i adael eu pentref, ond torrodd Baret y gyfraith er mwyn gwireddu ei breuddwyd. Hi oedd y wraig gyntaf i hwylio **o amgylch y byd**, ac gwnaeth gyfraniad mawr i fotaneg. Yn anffodus, aeth canrifoedd heibio cyn iddi gael y clod am ei gwaith.

o amgylch y byd, er nad dyna oedd ei bwriad!

# Galwad y **gwyllt**

Alexander von Humboldt

> Mae pengwin Humboldt a'r fôr-lawes Humboldt wedi eu henwi ar fy ôl i!

Dilynodd y gwyddonydd Almaenig hwn ei freuddwyd. Yna cydiodd mewn pin ysgrifennu a chreu'r **anrheg** orau erioed i wyddonwyr y dyfodol.

## Byd natur

Ddiwedd y 18<sup>fed</sup> ganrif dechreuodd gwyddonwyr deithio i wledydd newydd i chwilio am anifeiliaid a phlanhigion dieithr. Pan oedd **Alexander von Humboldt** yn blentyn, roedd yn breuddwydio am weld y byd ac yn treulio'i amser yn casglu **planhigion**, **trychfilod**, a **chregyn**. Astudio natur oedd ei uchelgais.

Aimé Bonpland

Alexander von Humboldt

## Anturiaethau Americanaidd

Yn 1799, hwyliodd Humboldt i **Dde America** gyda'r botanegydd Ffrengig **Aimé Bonpland**. Treulion nhw bum mlynedd yn archwilio a darganfod gwledydd, planhigion ac anifeiliaid newydd.

### Pethau i'w gwneud:

- ✓ Dringo Mynydd Chimborazo yn Ecuador
- ✓ Mapio dros 2,740km (1,700 milltir) o Afon Orinoco
- ✓ Darganfod miloedd o rywogaethau newydd o blanhigion ac anifeiliaid.

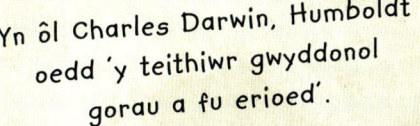

Yn ôl Charles Darwin, Humboldt oedd 'y teithiwr gwyddonol gorau a fu erioed'.

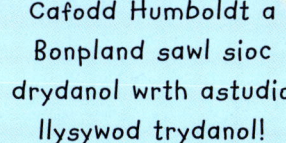

Cafodd Humboldt a Bonpland sawl sioc drydanol wrth astudio llysywod trydanol!

### Awdur toreithiog

Yn 1804, teithiodd Humboldt i Paris, Ffrainc. Yno, treuliodd 20 mlynedd yn cofnodi ei ddarganfyddiadau gwyddonol. Llenwodd **34 llyfr**! Ar ôl eu darllen, ysbrydolwyd gwyddonwyr ifanc eraill, gan gynnwys Charles Darwin, i barhau â'i waith.

# Brenhines y môr-ladron

**Ching Shih** oedd y fenyw fwyaf pwerus a brawychus ar y môr! Roedd hi'n arwain byddin fawr o longau môr-ladron.

### Codi hwyl

Yn 1801, priododd Ching Shih fôr-leidr Chineaidd o'r enw Zheng Yi. Roedd gan ei gŵr fflyd o longau o'r enw **Llynges y Faner Goch**. Cyn ei briodi, mynnodd Ching Shih gael siâr gyfartal o gyfoeth a phŵer ei gŵr.

← Ching Shih

> Ychydig iawn wyddon ni am Ching Shih. Mae hyd yn oed ei henw'n ddirgelwch. Ystyr 'Ching Shih' yw 'gweddw Ching'.

Mae'n bosib mai Ching Shih oedd y môr-leidr

## Brenhines Braw

Ar ôl i'w gŵr farw, Ching Shih **ei hun** oedd yn rheoli'r llynges. Roedd yn arweinydd llym, ac yn mynnu bod ei môr-ladron yn dilyn rhestr hir o reolau. O ganlyniad, roedd hi'n bwerus iawn, ac yn aml yn trechu ymosodiadau gan y llywodraeth.

Roedd Ching Shih yn rheoli dros 1,800 llong, a hyd at 70,000 o fôr-ladron!

## Ymddeoliad hapus

Yn 1810, gorfodwyd Ching Shih i ildio i lywodraeth China. Yn glyfar iawn, perswadiodd yr Ymerawdwr i adael iddi ymddeol o'r môr a byw'n rhydd. Aeth ati i agor tŷ gamblo. Hi oedd y fôr-ladrones **fwyaf brawychus** yn hanes China.

mwyaf llwyddiannus a fu erioed.

# Mapio Awstralia

Yr **arwr** hwn oedd yr Awstraliad cyntaf i hwylio o amgylch ei wlad a'i rhoi ar y map. Ond mae llawer wedi anghofio amdano!

Bungaree

Matthew Flinders

**Yr anturiaethwyr**
Mae'r Capten **Matthew Flinders** o Brydain yn enwog am hwylio o gwmpas Awstralia a'i mapio ar ddechrau'r 19eg ganrif. Ond mae ei dywysydd, yr Awstraliad Brodorol **Bungaree**, yn llai adnabyddus. Yn 1798, daeth y ddau anturiaethwr yn ffrindiau ar ôl cyfarfod ar fordaith i ynys ar arfordir Awstralia.

Yn ei atgofion, mae Flinders yn sôn am garedigrwydd Bungaree tuag at Trim, cath y llong,

# Llysenw Bungaree oedd Y BRENIN BUNGAREE.

Roedd Bungaree wrth ei fodd yn difyrru pobl, ac yn dda am ddynwared!

## Mordaith hanesyddol

Yn 1802, gwahoddodd Flinders Bungaree i ymuno ag e ar fwrdd y llong fasnach, *HMS Investigator*. Hwylion nhw o Sydney ar fordaith o gwmpas **Awstralia**. Bungaree oedd yr unig Awstraliad brodorol ar y llong, felly roedd ei wybodaeth yn amhrisiadwy. Os oedd pethau'n mynd yn ddrwg rhwng yr anturiaethwyr a phobl frodorol yr arfordir, byddai Bungaree'n datrys y sefyllfa. Yn ystod ei flwyddyn ar y llong, bu'n ffrind, yn gyfieithydd a diplomydd. Fe oedd yr Awstraliad cyntaf i hwylio o gwmpas ei wlad.

Sydney

## Ar y map

Roedd hon yn fordaith bwysig, am ei bod wedi mapio pob darn o'r arfordir, gan gynnwys dyfroedd nad oedd neb wedi'u mapio o'r blaen. Yn dilyn taith Flinders a Bungaree, cafodd y **map cyflawn** cyntaf o Awstralia ei greu.

# Antur Americanaidd

Yn 1803, prynodd llywodraeth UDA ddarn o dir o'r enw Tiriogaeth Louisiana oddi wrth Ffrainc. Doedd neb yn gwybod llawer am y tir, felly anfonwyd capten milwrol o'r enw **Meriwether Lewis** i'w archwilio.

### Cychwyn y daith

Gofynnodd Lewis i'w ffrind, yr Is-gapten **William Clark**, fynd gydag e. Casglodd Lewis a Clark griw o wirfoddolwyr, a theithio o St Louis, Missouri, **tua'r gorllewin**. Eu bwriad oedd archwilio'r ardal, darganfod llwybr i'r Cefnfor Tawel, sefydlu ffyrdd masnach, a chwrdd â'r bobl frodorol.

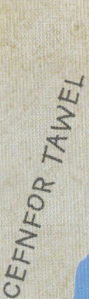

### Ar y ffordd

Roedd y daith yn llawn peryglon. Aeth llawer yn sâl. Ymosododd **eirth llwyd** ar rai, a bu ambell sgarmes rhwng y teithwyr a'r Americaniaid Brodorol.

William Clark

Meriwether Lewis

## Cyrraedd y Cefnfor

Ond cawson nhw hwyl hefyd. Cwrddon nhw ag **Americaniaid Brodorol** eraill a dod yn ffrindiau da. Darganfuon nhw rywogaethau newydd o blanhigion ac anifeiliaid, a mapio ardaloedd eang. Ym mis Tachwedd 1805, cyrhaeddon nhw'r Cefnfor Tawel o'r diwedd.

## Y ffordd yn ôl

Yna roedd hi'n bryd troi yn ôl. Ar y ffordd, penderfynon nhw **wahanu** er mwyn archwilio ardaloedd gwahanol. Ar ôl cyrraedd gartref ym mis Medi 1806, cawson nhw ddwywaith y cyflog a addawyd iddyn nhw, a darnau o dir yn wobr am eu gwaith.

Cyflogodd Lewis a Clark gyfieithwyr i'w helpu i gyfathrebu â'r Americaniaid Brodorol.

# Arwain y ffordd

Fyddai taith enwog **Lewis a Clark** ddim wedi llwyddo heb help un person arbennig: Americanes Frodorol o'r enw **Sacagawea**.

Yn ogystal â helpu Lewis a Clark ar y daith, roedd Sacagawea'n gofalu am ei babi!

## Y peilot

Roedd Lewis a Clark yn gwybod y byddai angen tywysydd a chyfieithydd i'w helpu i archwilio Tiriogaeth Louisiana. Sacagawea oedd y person perffaith. Hi oedd '**peilot**' y tîm, yn ôl Clark, achos roedd hi'n adnabod y tir yn drwyadl ac yn gallu eu helpu i gyfathrebu â'r Americaniaid Brodorol.

## Helô, frawd!

Un diwrnod anfonwyd Sacagawea i siarad â phennaeth lleol. Pwy oedd e ond ei brawd hirgolledig, y Pennaeth Cameahwait! Rhoddodd ei **brawd** geffylau yn anrheg i'r tîm i'w helpu ar eu taith.

Roedd Sacagawea'n perthyn i Lwyth y Shoshone.

**Lewis**

**Clark**

I ddiolch i Sacagawea am ei dewrder, enwodd Lewis a Clark yr afon ar ei hôl!

## Help!

Roedd adnabyddiaeth Sacagawea o'r ardal a'i sgiliau iaith yn bwysig iawn. Ond helpodd hi'r anturiaethwyr mewn ffordd arall. Pan oedden nhw'n hwylio ar hyd afon wyllt, bu eu cwch bron â suddo. **Plymiodd** Sacagawea i'r dŵr i achub pethau pwysig fel mapiau a moddion.

# Y ddinas goll

Roedd lleoliad dinas goll Petra yn **ddirgelwch** i'r rhan fwyaf o'r byd am dros 1,000 o flynyddoedd, nes i rywun ei darganfod unwaith eto.

## Dinas garreg

Hen ddinas wedi'i naddu o garreg yw Petra. Hi oedd prifddinas Teyrnas y Nabateaid. Fe'i hadeiladwyd tua 300 CC yn y wlad a elwir heddiw yn Iorddonen. Bu Petra'n ganolfan fasnach lewyrchus am ganrifoedd, ond ar ôl i ddaeargrynfeydd ei difetha yn OC 663, **symudodd pawb i ffwrdd**.

Llysenw Petra yw Dinas y Rhosyn am fod y creigiau tywodfaen pinc mor drawiadol.

Roedd y Nabateaid yn grefftwyr a phenseiri medrus. Adeiladon nhw gartrefi gwych a gerddi hardd.

## I mewn i'r graig

Cerfiwyd yr adeiladau hardd yn y **creigiau serth**. Mae'r enw Petra'n dod o'r gair Groeg am graig. Mae'r safle hynafol hwn yn llawn o feddau, temlau, tai a chofebau hanesyddol.

## Ailddarganfod

Yn 1812, **Johann Ludwig Burckhardt**, anturiaethwr o'r Swistir, oedd y dieithryn cyntaf i ailddarganfod y ddinas ddirgel. Mae mynyddoedd o'i chwmpas, ac i gyrraedd ati, rhaid dilyn ceunant cul o'r enw **Al Siq**. Dyna pam doedd neb yn gwybod amdani.

Mae'r rhan fwyaf o Petra o dan y ddaear, ac yn dal yn ddirgelwch.

— Al Siq

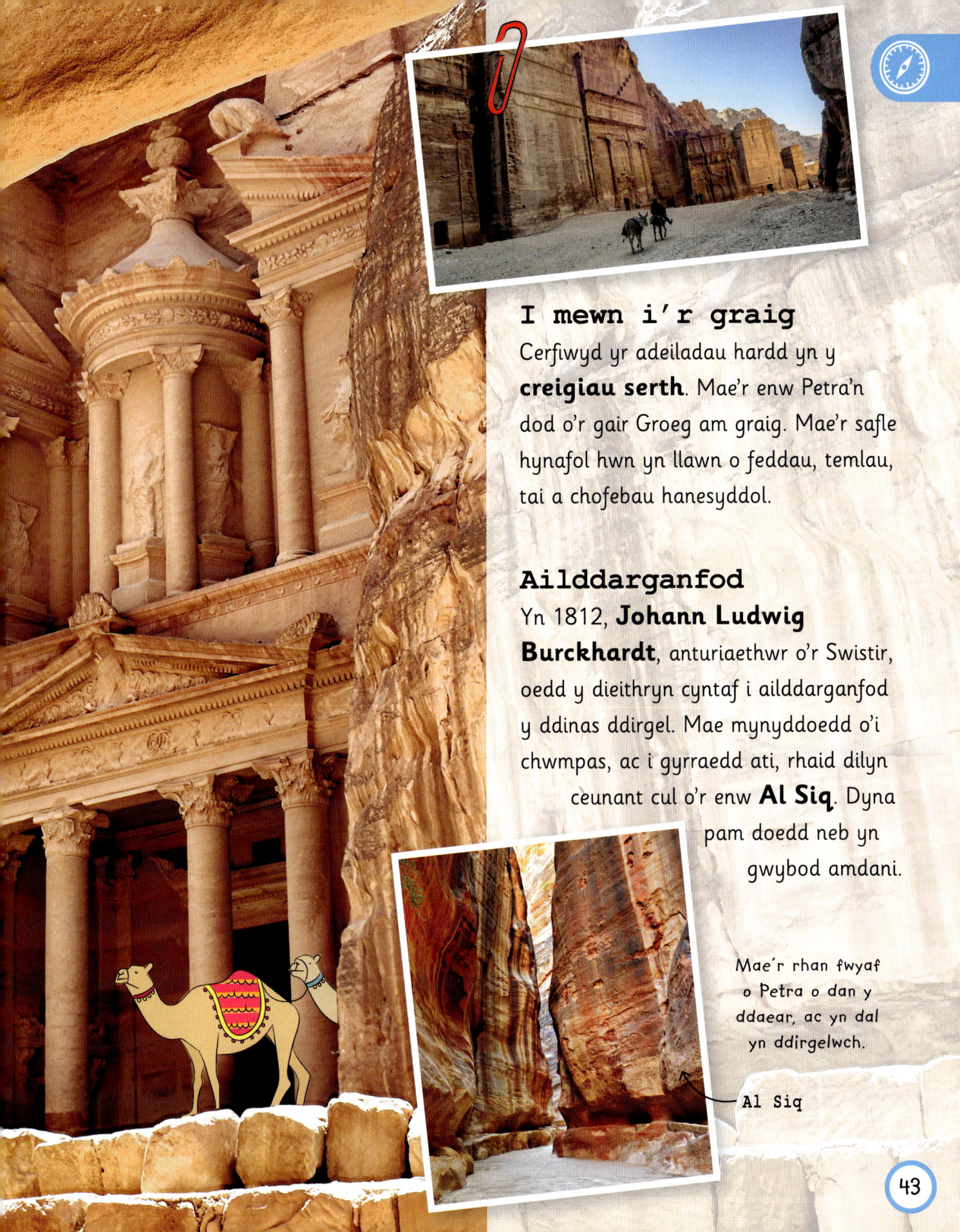

# Ras i'r Arctic

Pwy oedd y cyntaf i gyrraedd Pegwn y Gogledd? Mae'n ddirgelwch. Mae **dau anturiaethwr** yn hawlio'r clod.

*Pwy oedd y cyntaf i gyrraedd Pegwn y Gogledd go iawn?*

## Tua'r gogledd

Roedd llawer o anturiaethwyr wedi breuddwydio am fynd i Begwn y Gogledd. Ond roedd y daith yn **beryglus iawn**. Roedd y tywydd yn rhewllyd, yr iâ'n symud, y gwyntoedd yn gryf a'r stormydd yn ffyrnig. Collodd llawer eu bywydau ar y ffordd, felly pwy fyddai'r cyntaf i'w gyrraedd?

Robert Peary

Mae gen i ffoto i brofi mai fi oedd y cyntaf.

Frederick Cook

Ond fe gyrhaeddais i flwyddyn yn gynt!

Tynnodd Peary lun ei dîm ar y Pegwn, felly credai pawb mai fe oedd y cyntaf.

## Peary'n dal ati

O 1891 ymlaen, gwnaeth yr Americanwr **Robert Peary** dair ymgais i gyrraedd y Pegwn. Ar antur arall i archwilio'r Arctig, dioddefodd o ewinrhew a cholli wyth bys troed. Ond, o'r diwedd ym mis Ebrill 1909, cyhoeddodd ei fod wedi cyrraedd, ynghyd â'i gynorthwyydd **Matthew Henson**, a thîm o bedwar **Inuit**.

## Cystadleuaeth

Ar ôl cyrraedd adre, darganfu Peary bod Americanwr arall o'r enw **Frederick Cook** yn honni ei fod e wedi cyrraedd y Pegwn flwyddyn yn gynt. Does neb yn siŵr a yw'r naill stori neu'r llall yn wir. Mae rhai arbenigwyr yn amau Peary am fod ei ddisgrifiad o'i daith yn swnio'n amhosib, a chyhuddwyd Cook o dwyll am ei fod wedi cadw'n dawel am flwyddyn. Efallai na chawn ni byth wybod, ond y person cyntaf i brofi'n ddi-os ei fod wedi cyrraedd, oedd yr Americanwr **Ralph Plaisted** a deithiodd yno ar gar eira yn 1968.

Matthew Henson

Ers hynny, mae pobl wedi cyrraedd y Pegwn gyda help awyrennau, llongau awyr, a llong danfor hyd yn oed.

# Y ras i Begwn y De

Daeth y ras i gyrraedd y man oeraf ar y Ddaear â llwyddiant mawr i un anturiaethwr dewr, a thrychineb i'r llall.

### Anialdir rhewllyd

Mae'r daith i Antarctica, y man oeraf, sychaf a mwyaf gwyntog ar y Ddaear, yn her enfawr. Serch hynny, dyna **uchelgais** llawer o anturiaethwyr ar ddechrau'r 20fed ganrif, ac yn 1911, anelodd dau dîm am **Begwn y De** ar hyd dau lwybr gwahanol.

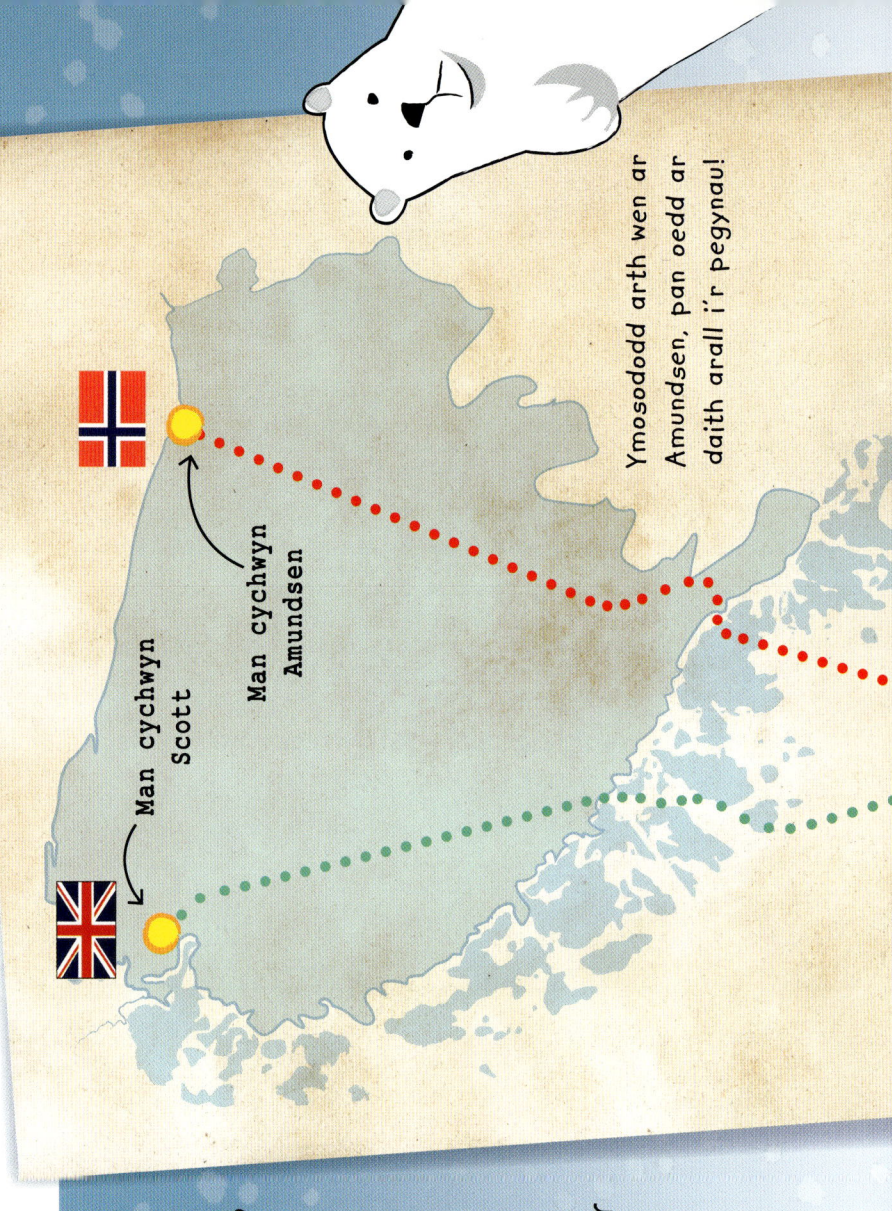

Man cychwyn Amundsen

Man cychwyn Scott

Ymosododd arth wen ar Amundsen, pan oedd ar daith arall i'r pegynau!

## Ras dros yr iâ

Aeth **Roald Amundsen** o Norwy â thîm o bedwar dyn, pedwar sled a 52 ci. Tua'r un adeg, aeth y Prydeiniwr **Robert Falcon Scott** â thîm o bedwar dyn oedd yn llusgo eu slediau eu hunain. Brwydrodd y ddau dîm yn eu blaen am wythnosau, gan wynebu rhewlifau peryglus, llenni llithrig o iâ, a thywydd rhewllyd.

Pegwn y De

Roald Amundsen

Tîm Scott

Cymerodd 99 diwrnod i dîm Amundsen gyrraedd Pegwn y De a mynd yn ôl yn ddiogel i'w gwersyll cychwyn.

## Creu hanes

Ar 14 Rhagfyr 1911, cyrhaeddodd Amundsen Begwn y De a phlannu baner Norwy yno. Cyrhaeddodd Scott ar 17 Ionawr 1912 a sylweddoli ei fod wedi colli'r ras. Cyrhaeddodd Amundsen a'i dîm ei gwersyll yn ddiogel, ond oherwydd y tywydd gwael a'r amodau anodd, yn drist iawn bu farw Scott a'i ddynion ar y ffordd yn ôl.

## Mantais Amundsen

Dilynodd Amundsen esiampl y bobl Inuit. Gwisgai ei dîm ffwr anifeiliaid i'w cadw'n gynnes, a defnyddio cŵn i dynnu'r slediau trwm. Er bod Scott a'i ddynion wedi colli'r ras a'u bywydau, roedden nhw'n anturiaethwyr **dewr ac arwrol**.

# Yn gaeth yn yr iâ

Yn y cyfnod pan oedd pobl yn anturio i'r pegynau, aeth un **anturiaethwr dewr** ar daith wahanol iawn, a dod yn arwr.

Ernest Shackleton

## Tro ar ôl tro

Uchelgais y Gwyddel Ernest Shackleton oedd **cyrraedd Pegwn y De** cyn neb arall. Ceisiodd gyrraedd yno yn 1901 ac 1908, ond methiant fu'r ddwy daith. Serch hynny, roedd Antarctica yn ei waed.

*Endurance*

Arwyddair teulu Shackleton oedd 'BY ENDURANCE WE CONQUER

## Cynllun newydd

Yn 1911, cyrhaeddodd Roald Amundsen Begwn y De, felly roedd raid i Shackleton feddwl am her newydd. Penderfynodd geisio croesi Antarctica o un pen i'r llall, gan fynd drwy'r Pegwn. Yn 1914, hwyliodd ar fwrdd y llong **Endurance** gyda'i griw o 28.

## Diwedd y Daith

Cafodd *Endurance* ei **dal yn yr iâ** am 10 mis, ac yna suddodd. Drwy ddefnyddio iâ oedd yn nofio ar y môr a badau achub, cyrhaeddodd y criw Ynys Eliffant. O'r fan honno, arweiniodd Shackleton bump o'i ddynion dros foroedd stormus a mynyddoedd i chwilio am help. Drwy eu dewrder achubwyd pawb.

Er mai methiant oedd teithiau Shackleton, roedd e'n arwr am iddo achub ei griw, dilyn ei freuddwyd, a dal ati.

# Bedd y brenin ifanc

> Mae cyfnod yr Hen Aifft yn enwog am lawer o bethau, gan gynnwys hanes eu brenhinoedd, y pharoaid.

Yn 1917, aeth tîm o archaeolegwyr i chwilio am fedd un o pharoaid yr Hen Aifft – y brenin ifanc **Tutankhamun**, neu'r Brenin Tut.

Howard Carter

## Dirgelwch y brenin

Ychydig iawn a wyddai neb am Tut cyn 1922, a chredai llawer o arbenigwyr y byddai'n amhosib dod o hyd i'w fedd. Ond doedd **Howard Carter**, archaeolegydd o Brydain, ddim yn cytuno, a dechreuodd gloddio yn Nyffryn y Brenhinoedd yn yr Aifft.

## Y grisiau dirgel

Treuliodd Carter a'i dîm chwe mlynedd yn chwilota heb fawr o lwc. Yna, yn 1922, daethon nhw ar draws grisiau cudd. Ar ôl eu clirio, **darganfuon** nhw ddrws, a'r tu ôl i'r drws roedd claddgell y brenin ifanc!

Trysor

## Trysor cudd

Yn y gell gorweddai miloedd o eitemau nad oedd **neb wedi eu gweld** ers dros 3,000 o flynyddoedd! Roedd llawer wedi eu gwneud o aur, gydag addurniadau cain. Ac mewn arch aur gorweddai gweddillion y Brenin Tut. Ers y darganfyddiad, mae'r Brenin Tut wedi dod yn un o pharoaid **enwocaf** yr Hen Aifft.

# Cyrraedd **y copa**

Yn 1953, cyflawnodd Edmund Hillary a Tenzing Norgay gamp enfawr nad oedd neb wedi llwyddo i'w chyflawni o'r blaen. Dringon nhw i ben **Mynydd Everest** – y mynydd uchaf ar y Ddaear.

## Hillary

Syrthiodd Edmund Hillary o Seland Newydd mewn cariad ag eira – ac â dringo – yn 16 oed, pan aeth ar drip sgïo gyda'i ysgol. Dim ond pedair blynedd yn ddiweddarach, dringodd Fynydd Ollivier yn Seland Newydd, ac yna Mynydd Cook, y mynydd uchaf yn y wlad. Ond **ei freuddwyd** oedd dringo Mynydd Everest yn Nepal.

## Norgay

Tyfodd Norgay i fyny ger Mynyddoedd Himalaia, a dechreuodd ddringo'n ifanc iawn. Flynyddoedd cyn cwrdd â Hillary, bu'n helpu dringwyr i gario'u hoffer, a chymerodd ran mewn ymgais i ddringo Everest yn 1935. Roedd yn brofiadol iawn, ac felly'n **bartner** perffaith i Hillary, wrth i'r ddau geisio cyrraedd y copa.

Heddiw, mae tua 1,000 o bobl yn ceisio cyrraedd copa Everest bob blwyddyn.

## Dringo'r mynydd

Yn 1953, cychwynnodd Hillary, Norgay, a dau ddringwr arall, i fyny'r mynydd. Trodd y ddau ddringwr arall yn ôl, pan fethodd eu tanciau ocsigen, ond daliodd Hillary a Norgay ati a **chyrraedd y copa** ar 29 Mai 1953.

Ystyr yr enw Nepali am Everest yw 'Talcen yr Awyr'.

## Byd-enwog

Daeth Hillary a Norgay yn fyd-enwog, a chael llu o wobrau. Defnyddion nhw eu cyfoeth a'u henwogrwydd i **helpu eraill** i ddringo Everest ac i wneud gwaith elusennol, gan gynnwys helpu pobl Nepal.

Derbyniodd Hillary'r fedal hon gan y Frenhines Elizabeth II, pan urddwyd e'n farchog.

# Y **gofodwr** cyntaf

Yn ystod yr 1950au a'r 60au, roedd hi'n ras rhwng UDA a'r Undeb Sofietaidd i yrru person i'r gofod. Ar gyfer y daith beryglus hon, byddai angen person arbennig – rhywun cryf, dewr, oedd yn gallu wynebu peryglon heb wylltio. **Yuri Gagarin** oedd y person hwnnw.

Vostok 1

### Dewis y gorau
Adeiladodd y Rwsiaid gerbyd arbennig o'r enw **Vostok I**. Ond pwy fyddai'n ei yrru? Ar ôl profi 154 o bobl, dewiswyd y peilot ifanc, Yuri Gagarin.

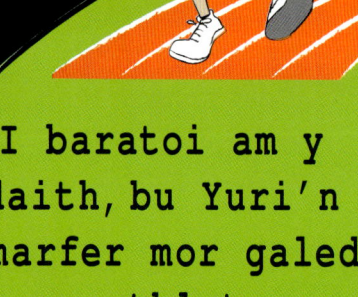

I baratoi am y daith, bu Yuri'n ymarfer mor galed ag athletwr Olympaidd.

# Y lansiad

Ar 12 Ebrill 1961, **gwibiodd** Vostok I i'r gofod gyda Gagarin ar ei fwrdd. Ar y ffordd roedd rhai darnau o Vostok I yn disgyn yn ôl i'r Ddaear, i ysgafnhau'r llwyth. Ar ôl tua 10 munud, roedd Yuri ar ei ben ei hun, yn teithio o amgylch y Ddaear mewn capsiwl arbennig. Llwyddiant!

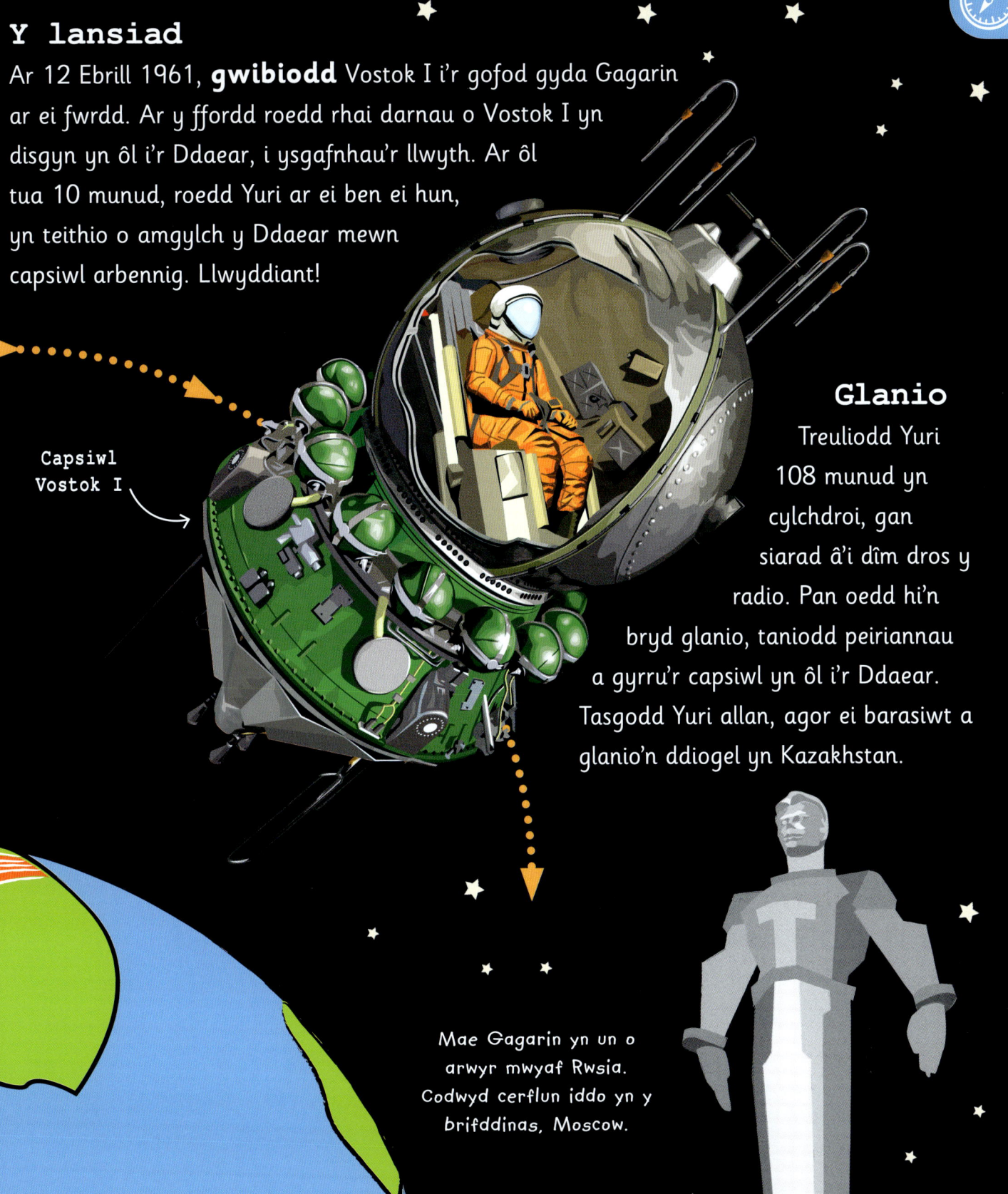

Capsiwl Vostok I

## Glanio

Treuliodd Yuri 108 munud yn cylchdroi, gan siarad â'i dîm dros y radio. Pan oedd hi'n bryd glanio, taniodd peiriannau a gyrru'r capsiwl yn ôl i'r Ddaear. Tasgodd Yuri allan, agor ei barasiwt a glanio'n ddiogel yn Kazakhstan.

Mae Gagarin yn un o arwyr mwyaf Rwsia. Codwyd cerflun iddo yn y brifddinas, Moscow.

Y ddaear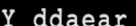

# Taith i'r Lleuad

Mae pawb yn breuddwydio am deithio i blaned arall. Does neb wedi llwyddo hyd yn hyn, ond yn 1969, gwnaeth tri dyn dewr rywbeth **go debyg**.

### Prosiect Apollo

Drwy'r 1960au, roedd NASA'n gweithio'n galed ar **Raglen Apollo**, gyda'r bwriad o lanio ar y Lleuad. Erbyn canol 1969, roedd wedi lansio sawl taith Apollo – ond heb fynd â phobl i'r Lleuad.

Saturn V

### I fyny!

Ym mis Gorffennaf 1969, lansiwyd taith Apollo 11 gan roced Saturn V o Ganolfan Ofod Kennedy yn Fflorida, UDA. Roedd yn daith beryglus, ond ar ei bwrdd roedd tri gofodwr eiddgar – **Neil Armstrong**, **Edwin 'Buzz' Aldrin**, a **Michael Collins**.

"Un cam bach i ddyn, ond un naid enfawr i ddynol-ryw."
– Neil Armstrong

Glaniwr lleuad

Buzz Aldrin

Neil Armstrong

## Un cam bach

Ar ôl pedwar diwrnod, disgynnodd y glaniwr ar y Lleuad. Neil Armstrong, y comander, oedd y **person cyntaf** i roi ei droed ar y Lleuad. Dywedodd bod y tir "yn go debyg i bowdwr". Dilynwyd e gan Buzz Aldrin, a bu'r ddau'n tynnu lluniau ac yn casglu samplau o graig a phridd, tra oedd Michael Collins yn cylchdroi uwchben.

## Y daith yn ôl

Ar ôl treulio llai na 22 awr ar y Lleuad, cychwynnodd y tri ar eu taith yn ôl. Roedden nhw'n **arwyr**, a chawson nhw groeso brwd am gyflawni camp mor rhyfeddol a hanesyddol.

Glaniodd Apollo 11 yng Nghefnfor Iwerydd.

# Darganfod y fyddin terracotta

Yn 1974, roedd ffermwyr yn cloddio ffynnon yn Xi'an, China, pan ddarganfuon nhw bethau rhyfeddol iawn wedi eu claddu yn y ddaear – **hen, hen gerfluniau** o filwyr. Drwy astudio'r cerfluniau dysgodd haneswyr am yr hen China a bywyd ei hymerawdwr cyntaf.

**Mae'r milwyr a'r ceffylau yno**

Ar ôl i'r ffermwyr ddarganfod y milwyr, daeth archaeolegwyr i archwilio'r safle. Darganfuon nhw ragor o filwyr – dros **8,000**. Byddin gyfan!

Roedd yno gerfluniau o filwyr, cerbydau rhyfel, a cheffylau hyd yn oed. Darganfu haneswyr eu bod dros 2,200 oed, ac wedi eu rhoi yno i warchod bedd ymerawdwr cyntaf China a'i amddiffyn yn y **byd a ddaw**.

Mae'r fyddin terracotta yn un o'r darganfyddiadau archaeolegol pwysicaf erioed. Mae rhai'n ei galw'n Wythfed Rhyfeddod y Byd.

Mae archaeolegwyr wedi treulio blynyddoedd yn datgloddio'r cerfluniau. Mae'n bosib bod gweithwyr wedi treulio 30 mlynedd yn eu creu!

Mae'r cerfluniau'n fanwl iawn. Mae wyneb gwahanol gan bob un, ac arfau go iawn. Roedden nhw unwaith yn lliwgar hefyd.

Dewisais enw newydd: Qin Shi Huang', sef 'yr ymerawdwr cyntaf'.

i warchod BEDD YR YMERAWDWR.

Ar un adeg roedd China wedi'i rhannu'n daleithiau gwahanol, ond yn 221 CC concrodd brenin un o'r taleithiau – y **Brenin Zheng** – bob talaith arall, ac uno China.

Roedd Zheng eisiau i'w lwyddiant bara **am byth**. Felly adeiladodd fedd enfawr, a byddin garreg i'w gwarchod, er mwyn gallu dal i lywodraethu o'r tu hwnt i'r bedd.

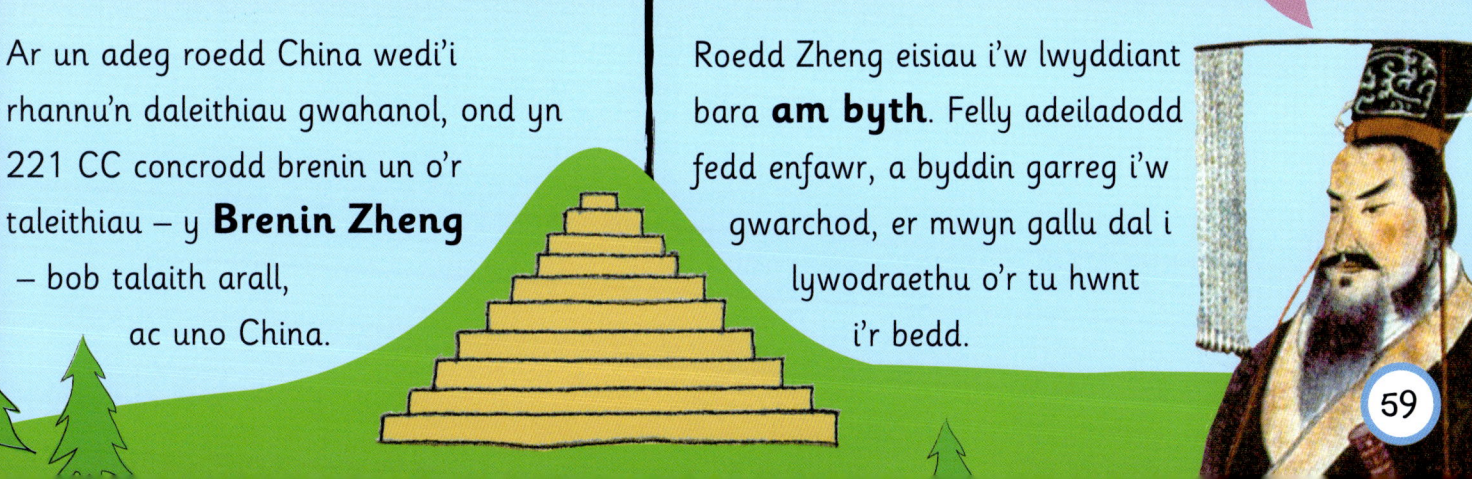

# Antur yn Anialdir Awstralia

Mae anialdir Awstralia yn lle peryglus. Mae'r tywydd yn boeth iawn, does dim llawer o ddŵr, ac mae yno anifeiliaid bygythiol. Serch hynny, penderfynodd **Robyn Davidson** groesi'r anialdir ar ei phen ei hun.

### Merch anturus

Ganwyd Robyn Davidson yn Awstralia yn 1950. Yn ymyl ei chartref roedd afon fach, a byddai'n esgus mai honno oedd yr Afon Amazonas. Rhyw ddydd byddai ei **breuddwydion anturus** yn dod yn wir.

Diggity

# Menyw'r Camelod

Yn 1977, cychwynnodd '**Menyw'r Camelod**' ar ei thaith yng nghwmni pedwar camel a'i chi anwes, Diggity. Teithiodd am naw mis drwy anialdiroedd Gorllewin Awstralia, gan ddefnyddio mapiau a dilyn y sêr.

> Dysgodd Robyn sgiliau'r Awstraliaid Brodorol er mwyn goroesi yn yr anialdir.

Pan gyrhaeddodd Robyn a'i chamelod Gefnfor India o'r diwedd, neidion nhw i mewn i'r môr!

Gelwir camelod yn 'llongau'r anialdir', am eu bod yn gallu dygymod â byw yn yr anialdir.

## Ar grwydr

Ysgrifennodd Robyn lyfr poblogaidd iawn am ei hantur. Mae'n dal i **ysgrifennu** a **theithio**. Mae'n aml yn ysgrifennu am **nomadiaid**, sef pobl sy'n teithio o le i le yn hytrach na byw yn yr un man.

# Ar ben y byd

Waeth pa mor uchel y mynydd, byddai'r anturiaethwraig hon yn dringo **i'w gopa**!

Dim ond 13 oed oedd Kaltenbrunner, pan ddringodd Sturzhahn, mynydd yn Awstria sy'n 2,028m (6,654tr) o uchder.

**Yn uwch ac yn uwch**
Ganwyd **Gerlinde Kaltenbrunner** yn Awstria yn 1970. Dysgodd sut i heicio a sgïo yn y mynyddoedd o gwmpas ei chartref. Ond dringo oedd ei hoff beth. Pan oedd yn ei harddegau, dechreuodd ddringo mynyddoedd yn yr Alpau, y gadwyn uchaf o fynyddoedd yn Ewrop, cyn herio mynyddoedd mwy fyth.

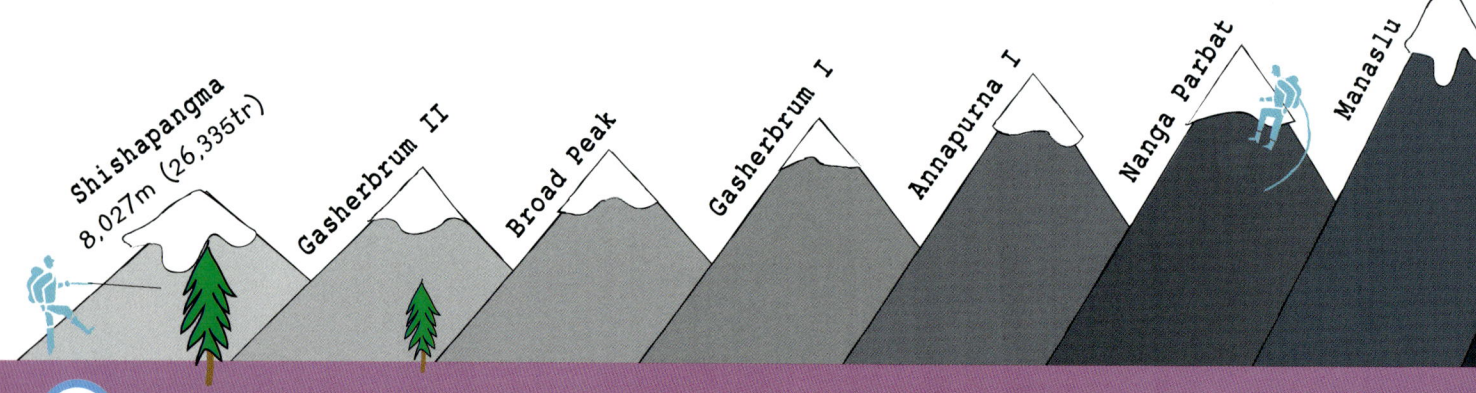

Mae pob un o'r 14 mynydd sy'n uwch na

Everest

## Mynydd anodd

Mae 14 mynydd dros 8,000m (26,250tr) o uchder ar y Ddaear, ac roedd Kaltenbrunner yn benderfynol o'u dringo i gyd. Er mai Mynydd Everest yn Nepal yw'r uchaf, **K2** ym Mhacistan yw'r anoddaf. Cyrhaeddodd y copa ar y seithfed cynnig!

"Dringo K2 oedd y profiad gorau, ond hefyd yr anoddaf o bell ffordd."
– Gerlinde Kaltenbrunner

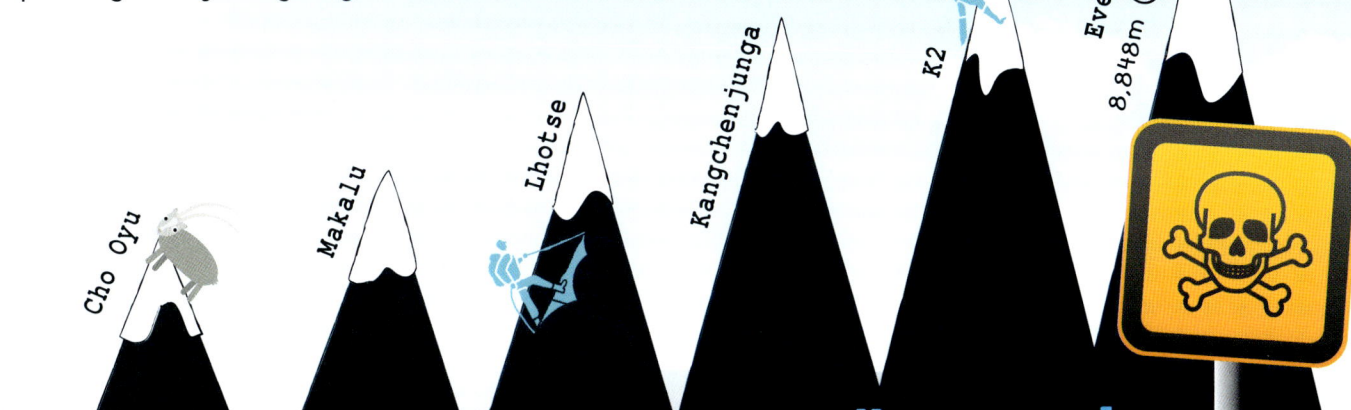

## Yn y cymylau

Kaltenbrunner oedd y fenyw gyntaf i gyrraedd copa'r 14 mynydd heb danc ocsigen. Yn 2012, enillodd wobr Anturiaethwr y Flwyddyn. Er iddi dyngu na fydd hi byth yn dychwelyd i'r mynyddoedd mawr hyn, mae'n dal i fwynhau dringo a sgïo yn yr Alpau.

8,000m (26,250tr) yn yr Himalaya yn Asia.

# Dirgelwch y dyfnder

Does neb wedi archwilio'r rhan fwyaf o'n moroedd. Ond llwyddodd un dyn i gyrraedd y man tanfor dyfnaf – **Ffos Mariana**.

← James Cameron

### Archwilio'r môr

Cyfarwyddwr ffilmiau enwog o Ganada yw **James Cameron**, ond mae hefyd yn anturio i ddyfnder y môr. Ynghyd â thîm o arbenigwyr, cynlluniodd long danfor arbennig oedd yn gallu gwrthsefyll pwysau'r dyfroedd dyfnion. Ei henw oedd *Deepsea Challenger*.

↘ Deepsea Challenger

## Ar ei ben ei hun

Yn 2012, gollyngwyd *Deepsea Challenger* i'r **Cefnfor Tawel** uwchben Ffos Mariana. James Cameron oedd yr unig berson yn y llong. Doedd ei gwmpawd ddim yn gweithio'n iawn, a diffoddodd ei system sonar. Serch hynny, plymiodd ei gerbyd yn syth i lawr a chyrraedd y man dyfnaf ar y Ddaear mewn ychydig dros ddwy awr a hanner.

Treuliodd James dipyn o amser dan y dŵr, pan oedd yn cyfarwyddo ffilmiau fel *Titanic* a *The Abyss*.

Gall morfil trwynbig Cuvier ddeifio'n ddyfnach nag unrhyw anifail arall. Gall gyrraedd dyfnder o 2,992m (9,784tr) – ond dyw hynny ddim hanner mor ddwfn â Ffos Mariana!

## Camp aruthrol

Ar ôl cyrraedd y gwaelod, treuliodd James dair awr yn tynnu lluniau a chasglu samplau, cyn codi i'r wyneb yn ddiogel. Yn ogystal â thorri'r record am **y ddeif unigol ddyfnaf erioed**, ysbrydolodd James bobl ar draws y byd i archwilio'r môr.

Y tŵr uchaf yn y byd, Burj Khalifa, sy'n 828m (2,716tr) o uchder.

I gyrraedd gwaelod Ffos Mariana, byddai'n rhaid rhoi 13 Burj Khalifa ar ben ei gilydd.

*Deepsea Challenger*

Mae Ffos Mariana'n cyrraedd dyfnder o 10,994m (35,756tr).

# Gwyddonwyr a

# Dyfeiswyr

Dychmyga ddarganfod rhywbeth all newid y byd, neu greu meddyginiaeth newydd all achub miliynau o fywydau. Tro'r dudalen i gyfarfod pobl a **newidiodd gwrs hanes** drwy eu syniadau clyfar a'u gorchestion anhygoel.

# Mathemategwr **meistrolgar**

*EUREKA!!!*

Mae Archimedes yn fwyaf enwog am gael syniad gwych pan oedd e **yn y bath**! Ond drwy gydol ei oes roedd yn fathemategwr clyfar a dyfeisiwr ysbrydoledig.

### Cais brenhinol

Ganwyd Archimedes yng Ngwlad Groeg tua 288 CC. Roedd ganddo ddiddordeb brwd mewn mathemateg, a chlywodd pawb am ei glyfrwch. Gofynnodd y Brenin Hiero II i Archimedes ddatrys problem anodd – sef darganfod a oedd ei goron wedi'i gwneud o far o **aur pur**, neu a oedd yr eurych wedi cymysgu rhywfaint o arian ynddi.

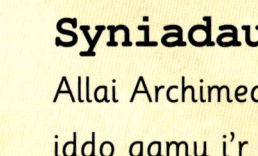

## Syniadau'n llifo

Allai Archimedes ddim datrys y broblem, nes iddo gamu i'r bath un diwrnod a gweld y dŵr yn gorlifo. Yn ôl y stori, neidiodd o'r bath a gweiddi "**Eureka**!" ("Dwi wedi darganfod!"). Penderfynodd roi'r goron mewn dŵr. Os oedd hi wedi'i gwneud o far o aur pur, dylai symud yn union 'run faint o ddŵr â bar o aur. Ond wnaeth hi ddim!

Ar y Lleuad mae crater o'r enw Archimedes.

## Dyfeisiwr disglair

Bu Archimedes yn dyfeisio ar hyd ei oes. Er enghraifft, **dyfeisiodd** gatapwlt, a hefyd pwli sy'n dal i gael ei ddefnyddio heddiw.

Catapwlt Archimedes

Er bod Archimedes yn fathemategwr gwych, roedd hefyd yn hoffi barddoniaeth, celf a cherddoriaeth.

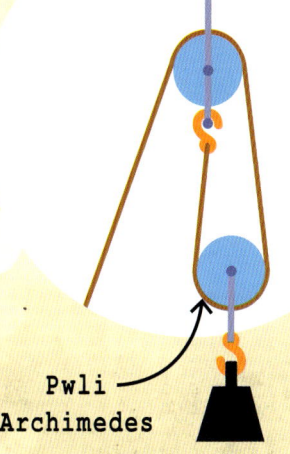

Pwli Archimedes

# Argraffydd arloesol

Dychmyga orfod ysgrifennu llyfrau enfawr â llaw. Nawr dychmyga wneud hynny dro ar ôl tro. Dyna oedd yn digwydd cyn i **Johannes Gutenberg**, dyfeisiwr o'r Almaen, greu peiriant argraffu fyddai'n gwneud y gwaith caled.

## Dyfais glyfar

Roedd peiriant argraffu Gutenberg yn gweithio drwy wasgu papur yn erbyn blociau llythyren ag inc arnyn nhw. Roedd hynny'n **gyflymach** o lawer nag ysgrifennu â llaw, ond bu raid i Gutenberg fenthyca arian i adeiladu ei beiriant.

Bloc llythyren

Johannes Gutenberg

Yn Asia roedd pobl yn printio â blociau, bron 600 mlynedd cyn i Gutenberg ddyfeisio ei beiriant.

Peiriant argraffu Gutenberg

Beibl Gutenberg

## Llyfrau ar ras

**Beibl Gutenberg**, a argraffwyd ar beiriant Gutenberg yn 1455, oedd y llyfr cyntaf i gael ei **fasgynhyrchu** (sef cynhyrchu sawl copi yn gyflym). Diolch i Gutenberg, gallai syniadau gael eu copïo'n syth a'u rhannu â mwy o bobl.

## Argraffydd tlawd

Er bod ei ddyfais wedi newid y byd, **colli arian** wnaeth Gutenberg. Fedrai e ddim talu ei ddyledion, felly aeth y busnes i ddwylo'r dyn oedd wedi benthyca arian iddo. Er i Gutenberg ddal i gynhyrchu llyfrau, doedd ei enw ddim arnyn nhw.

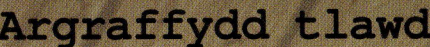

# Seryddwr mewn carchar

Gwnaeth y gwyddonydd disglair hwn ddarganfyddiadau fyddai'n **newid cwrs hanes**. Ond doedd pawb ddim yn eu croesawu.

### Gweld sêr

Ganwyd y gwyddonydd Galileo Galilei yn yr Eidal yn 1564, mewn cyfnod pan oedd dyfeisio ac archwilio yn boblogaidd. Ymddiddorodd yn y **telesgop**, a ddyfeisiwyd er mwyn cadw llygad ar longau'r gelyn. Cynlluniodd Galileo ei delesgop ei hun a'i ddefnyddio i astudio'r gofod.

Galileo Galilei

Gwnaeth Galileo sawl darganfyddiad pwysig. Mae'n un o'r gwyddonwyr gorau erioed.

Gwelodd Galileo graterau ar y Lleuad

...lleuadau'r blaned Iau

...a chymaint mwy.

## Safbwynt gwahanol
Bryd hynny, credai pawb mai'r Ddaear oedd canolbwynt y Bydysawd, ond roedd seryddwr o Wlad Pwyl, **Nicolaus Copernicus**, yn mynnu bod y planedau'n troi o gwmpas yr Haul. Ar ôl gwylio Mercher a Gwener yn cylchdroi'r Haul, sylweddolodd Galileo mai Copernicus oedd yn gywir, a bod y Ddaear yn gwneud yr un fath.

## Newid meddyliau
Nid y Ddaear oedd canolbwynt y Bydysawd! Am ddarganfyddiad chwyldroadol! Ond roedd yn anodd i bobl ei dderbyn am ei fod yn groes i ddysgeidiaeth yr eglwys. Cafodd Galileo orchymyn i beidio ag ysgrifennu am ei ddarganfyddiad, ond mynnodd wneud. Er i bobl sylweddoli'n ddiweddarach ei fod yn gywir, arestiwyd Galileo a'i **gadw'n gaeth i'w gartref** weddill ei fywyd. Roedd yn garcharor yn ei dŷ. Ond er na châi fynd allan, gallai groesawu ymwelwyr, gan gynnwys beirdd ac athronwyr.

Galileo yn ei gartref.

# Canlyn comed

Mae comedau wedi gwibio drwy awyr y nos ers cyn cof, ond wydden ni ddim llawr amdanyn nhw nes i **Edmond Halley** wneud darganfyddiad mawr.

## Gwirioni ar gomed

Seryddwr a mathemategwr o Loegr oedd Edmond Halley, a anwyd yn 1656. Gwirionodd ar fathemateg a gwyddoniaeth pan oedd yn blentyn ifanc, a chafodd ei swyno gan **gomedau**. Treuliodd lawer o amser yn eu hastudio.

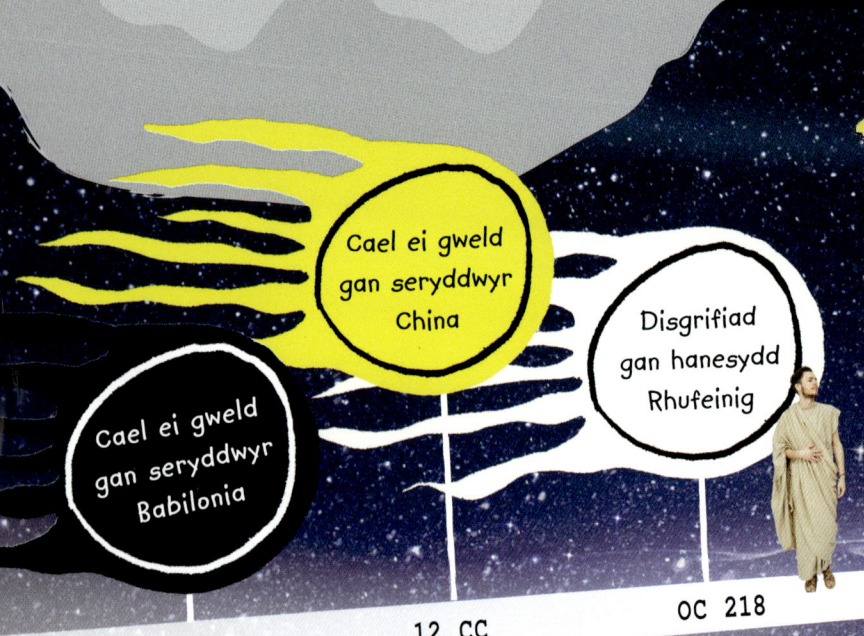

Cael ei weld gan seryddwyr Babilonia — 164 CC

Cael ei gweld gan seryddwyr China — 12 CC

Disgrifiad gan hanesydd Rhufeinig — OC 218

Ei llun ar Dapestri Bayeux — OC 1066

OC 1301

Peintiwyd hi gan arlunydd o'r Eidal

Drwy ddefnyddio darganfyddiad Halley, gallwn ni ddilyn y gomed drwy hanes.

## Mynd a dod

Roedd Halley wedi darllen am gomedau a ymddangosodd yn 1531 a 1607. Pan welodd gomed yn yr awyr yn 1682, sylweddolodd mai'r un gomed oedd hi. Gweithiodd allan fod y gomed yn troi o gwmpas yr Haul, ac yn croesi llwybr y Ddaear bob **75-76** mlynedd.

## Gweld i'r dyfodol

Fel roedd Halley wedi rhagweld, daeth y gomed yn ôl yn 1758. Roedd Halley wedi marw yn 1742, felly, yn drist iawn, welodd e byth 'mohoni eto. Fel arwydd o barch ato, enw'r gomed erbyn hyn yw **Comed Halley**.

Gwelwyd hi gan Halley

Y ffotograff cyntaf ohoni

Ymweliad nesaf comed Halley!

OC 1682    OC 1758    OC 1910    OC 1986    OC 2061

Dod yn ei hôl gan brofi fod Halley'n gywir

Y tro diwethaf y gwelwyd hi o'r Ddaear

# Botanegydd brwd

Roedd gan **Carl Linnaeus**, y gwyddonydd a'r teithiwr o Sweden, ddiddordeb brwd mewn planhigion a byd natur. Gwnaeth argraff fawr ar y byd botanegol.

> Astudiaeth wyddonol o blanhigion yw botaneg – o'r blodau lleiaf i'r coed talaf!

## Astudio botaneg

Yng nghyfnod Carl Linneaus, roedd y mwyafrif o feddyginiaethau wedi eu gwneud o blanhigion. Penderfynodd Carl fynd yn **feddyg**. Felly, pan oedd yn y brifysgol, cafodd gyfle i astudio ei hoff bwnc – botaneg.

## Darganfyddiadau difyr

Aeth Carl ar dripiau i'r Lapdir ac o gwmpas Sweden, gan recordio pob planhigyn a welai. Gweithiodd yn galed i roi'r planhigion mewn **categorïau**, a'u henwi yn ôl system ddwy-ran a ddyfeisiodd ei hun. Yn 1735, cyhoeddodd Carl ei lyfr cyntaf, *Systema Naturae*.

Yn llyfr Linnaeus, trefnwyd planhigion ac anifeiliaid yn ôl eu tebygrwydd i'w gilydd.

Lluniau o'r llyfr *Systema Naturae*

**Roedd Carl yn enwi CHWYN ar ôl pobl roedd e'n eu casáu!**

## Y gorau yn y dosbarth

Ar ôl dod yn athro, aeth Carl a'i fyfyrwyr ar dripiau i chwilio am fathau newydd o blanhigion. Darganfuon nhw lawer iawn, iawn! Dim ond **12 tudalen** oedd yn yr argraffiad cyntaf o lyfr Carl, ond roedd **2,400 tudalen** yn y 12fed argraffiad! Rydyn ni'n dal i ddefnyddio system Carl o **ddosbarthu planhigion**, ac anifeiliaid.

Linnaeus yn dosbarthu planhigion yn ei ardd yn Sweden.

# Fflach o ysbrydoliaeth

Mae'n hwyl hedfan barcut ar ddiwrnod gwyntog. Ond mentrodd yr Americanwr hwn ei fywyd i hedfan barcut mewn storm o fellt a tharanau. Roedd e'n astudio **trydan**!

## Hoffi darllen

Ganwyd **Benjamin Franklin** yn 1706. Fe oedd y mab ieuengaf mewn teulu o 17 o blant. Chafodd e ddim llawer o addysg, ond roedd wrth ei fodd yn darllen, a dysgodd lawer wrth bori drwy lyfrau, yn enwedig llyfrau gwyddonol.

"O'm holl ddyfeisiau, yr armonica gwydr sydd wedi rhoi'r pleser mwyaf i fi'n bersonol."
– Benjamin Franklin

Rhoden fellt

Franklin yn chwarae'r armonica

## Storm felltigedig

Un diwrnod stormus yn 1752, aeth Franklin allan i hedfan barcut ag allwedd fetel ynghlwm wrth y cortyn. Er gwaetha'r glaw trwm, y taranau byddarol, a'r mellt, sylwodd Franklin fod gwreichion yn tasgu o'r allwedd. Roedd yn arbrawf peryglus, ond profodd fod **mellt** yn fath o drydan.

## Dyfeisiau a dylanwad

Ar ôl astudio mellt, dyfeisiodd Franklin y **rhoden fellt**, sy'n gwarchod adeiladau rhag mellt. Ond roedd yn ddyn talentog iawn, a dyfeisiodd nifer o bethau eraill, gan gynnwys offeryn cerdd o'r enw **armonica**, ffwrn â leinin o fetel a sbectol ddeuffocal!

Mae Franklin hefyd yn enwog am arloesi, gan gynnwys trefnu'r llyfrgell gyntaf yn UDA, a sefydlu'r brifysgol gyntaf ym Mhensylfania.

Mae llun Franklin ar bapurau $100 yn America.

# Mam cyfrifiadureg

Dyfeisiwyd y cyfrifiadur mecanyddol cyntaf oedd yn gallu gwneud symiau gan y Prydeiniwr Charles Babbage. Ond y person cyntaf i ddeall y gallai'r cyfrifiadur wneud cymaint mwy oedd **Ada Lovelace**.

*Am beiriant rhyfeddol!*

Ada Lovelace

## Cwrdd â Babbage

Ganwyd Ada yn 1815. Roedd yn glyfar iawn ac astudiodd fathemateg a gwyddoniaeth. Ychydig iawn o fenywod oedd yn cael y cyfle i astudio'r pynciau hynny ar y pryd. Yn 1833, cyflwynodd un o'i thiwtoriaid hi i **Charles Babbage**, a daethon nhw'n ffrindiau.

## Yr Injan Analytig

Roedd Babbage wedi dyfeisio peiriannau cyfrif: y Peiriant Gwahaniaeth oedd yn gallu gwneud symiau sylfaenol, a'r Injan Analytig oedd yn gallu gwneud symiau llawer anoddach. Ysgrifennodd y peiriannydd o'r Eidal, Luigi Federico Menabrea, erthygl am yr Injan Analytig. Gofynnodd Charles i Ada'i chyfieithu.

*Ada, wnei di gyfieithu hon, os gweli di'n dda?*

Charles Babbage

Yr Injan Analytig

NODIADAU

### Nodiadau Ada

Pan gyfieithodd Ada'r erthygl, ychwanegodd nodiadau i ddangos sut i raglennu'r peiriant i wneud gwahanol bethau. Mae llawer yn credu mai dyna'r rhaglen gyfrifiadurol gyntaf, ac mai Ada oedd y **rhaglennydd cyntaf**. Dathlir Diwrnod Ada Lovelace bob blwyddyn ar yr ail ddydd Mawrth ym mis Hydref.

Pan oedd yn hŷn, ceisiodd Ada ddefnyddio'i sgiliau mathemategol i'w helpu i ennill arian drwy gamblo. Ond methodd!

# Dau berson, un syniad

Yn yr 1880au, datblygodd dau wyddonydd yr **un syniad** i egluro sut a pham mae anifeiliaid yn esblygu, neu'n newid dros amser.

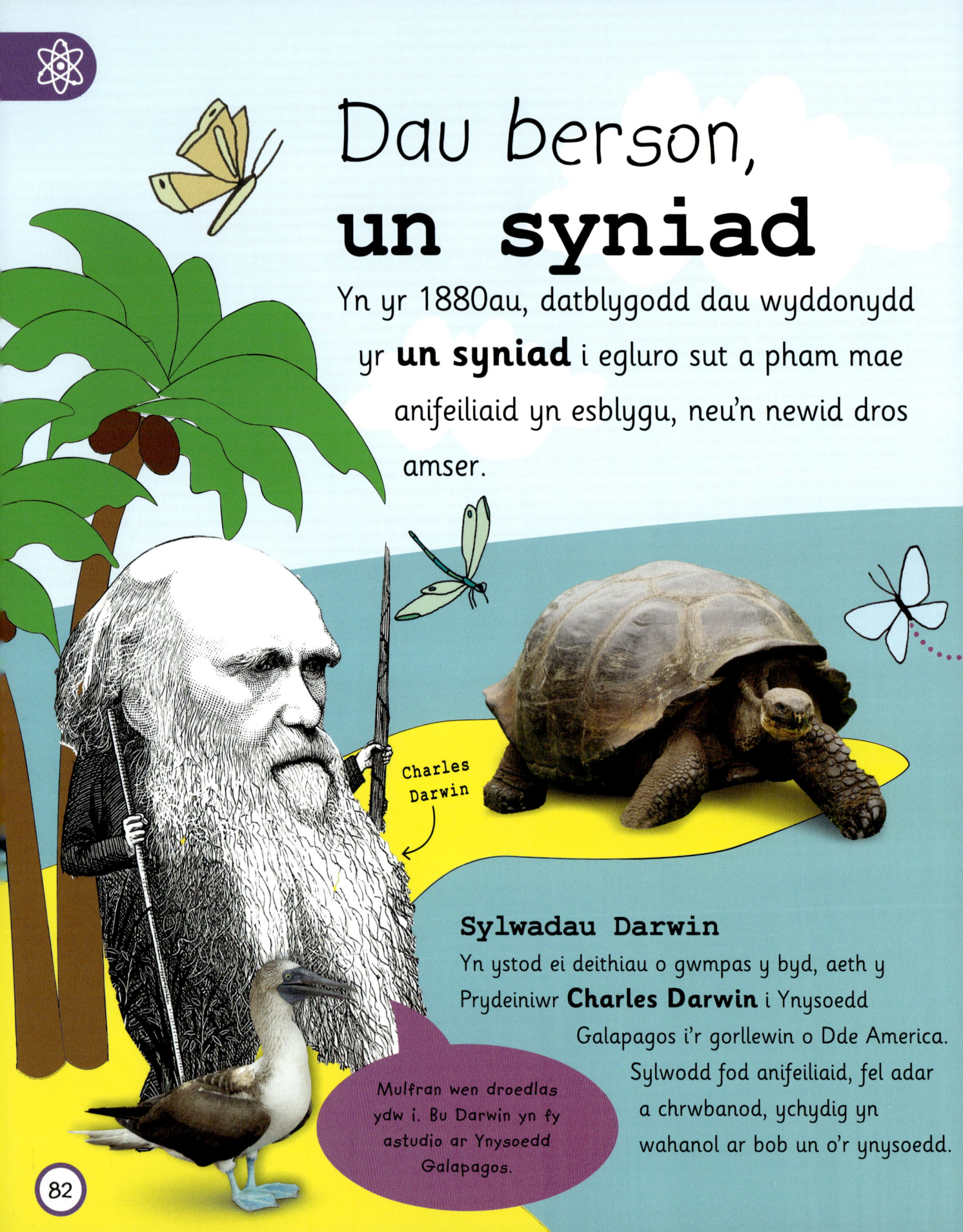

Charles Darwin

### Sylwadau Darwin
Yn ystod ei deithiau o gwmpas y byd, aeth y Prydeiniwr **Charles Darwin** i Ynysoedd Galapagos i'r gorllewin o Dde America. Sylwodd fod anifeiliaid, fel adar a chrwbanod, ychydig yn wahanol ar bob un o'r ynysoedd.

Mulfran wen droedlas ydw i. Bu Darwin yn fy astudio ar Ynysoedd Galapagos.

## Syniad newydd

Pan ddaeth Charles adref, datblygodd theori esblygiad (sut mae pethau byw yn newid dros amser) a'i galw'n **ddetholiad naturiol**. Dechreuodd ysgrifennu llyfr am hyn.

Sylwodd Charles fod pigau llinosod yn newid ychydig o ynys i ynys, er bod yr adar yn perthyn. Roedd y pigau'n helpu pob un i oroesi yn ei gynefin ei hun.

Doedd y ddau ddyn ddim yn cytuno ar bopeth, ond roedden nhw'n edmygu ac yn parchu ei gilydd yn fawr iawn.

## Darganfyddiadau Wallace

Yn y cyfamser roedd anturiaethwr arall o Brydain, **Alfred Russel Wallace**, yn Indonesia, De-ddwyrain Asia. Sylwodd fod planhigion ac anifeiliaid hollol wahanol yn byw ar ddwy ynys, er bod yr ynysoedd yn agos iawn at ei gilydd.

Alfred Wallace

## Rhannu'r darganfyddiad

Treuliodd Charles flynyddoedd yn ysgrifennu ei lyfr, heb ddweud wrth neb am ei theori. Ond, yn 1858, cafodd lythyr gan Alfred yn sôn am syniad roedd e eisiau'i gyhoeddi. Sylweddolodd Charles fod y ddau ddarganfyddiad **yn union yr un fath**, a'i bod yn bryd cyhoeddi ei lyfr, a rhannu'r theori â'r byd cyfan.

# Darganfod **deinameit**

Rhoddodd y gwyddonydd hwn y byd ar dân, drwy ddyfeisio ffrwydron, ond heddiw cysylltir ei enw â **heddwch**.

Daw'r enw deinameit o'r gair Groeg am bŵer.

### Arbrofion ffrwydrol

Yn ystod yr 1850au, roedd **Alfred Nobel**, bachgen ifanc o Sweden, yn astudio peirianneg cemegol, a datblygodd ddiddordeb mewn ffrwydron. Ar y pryd, roedd ffrwydron yn ansefydlog iawn, ac roedd Alfred eisiau eu gwneud yn fwy diogel. Llwyddodd i wneud hynny yn 1867, drwy ddyfeisio **deinameit**.

Gobeithio bydd y ddyfais yn helpu llawer o bobl.

## Datblygiad dinistriol

Am fod deinameit yn fwy diogel na **phowdwr gwn**, defnyddiwyd e mewn mwyngloddiau, i chwythu twnelau ac i adeiladu heolydd a rheilffyrdd. Daeth Alfred yn ddyn cyfoethog iawn – ond yn anffodus, daeth deinameit hefyd yn arf rhyfel.

## Gweld y dyfodol

Un diwrnod, cafodd Alfred sioc. Darllenodd mewn papur newydd ei fod wedi marw! Roedd yr erthygl – oedd wedi cael ei chyhoeddi drwy gamgymeriad – yn ei alw'n **Farchnatwr Marwolaeth** ac yn dweud ei fod wedi ennill arian drwy greu deinameit oedd yn lladd pobl. Nid dyna sut oedd Alfred am i bobl ei gofio, felly aeth ati i newid y sefyllfa.

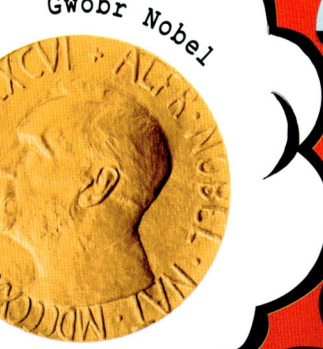

## Hyrwyddwr heddwch

Pan fu farw Alfred, gadawodd arian i sefydlu gwobrau blynyddol am gyfraniadau arbennig i ffiseg, cemeg, meddygaeth, llenyddiaeth, a heddwch a fyddai'n helpu'r ddynoliaeth. Yn 1901, lansiwyd Gwobr Nobel. Mae'r gwobrau hyn yn dal i fod ymysg y gwobrau pwysicaf yn y byd.

85

# Gwyddonydd gwych

Mae ennill un Wobr Nobel yn anrhydedd enfawr. Enillodd **Marie Curie** ddwy!

## Meddwl craff

Ganwyd Marie yn 1867 yng Ngwlad Pwyl, a symudodd i Baris i astudio gwyddoniaeth. Yno cwrddodd â'i gŵr, y ffisegydd Pierre Curie. Gyda'i gilydd, cychwynnon nhw astudiaeth arloesol o **ymbelydredd**.

↑ Wraniwm

Trosglwyddo ynni ar ffurf tonnau neu ronynnau – dyna yw ymbelydredd. Astudiodd Marie'r pelydrau oedd yn cael eu rhyddhau gan wraniwm, elfen gemegol a oedd newydd gael ei darganfod.

## Partneriaeth wyddonol

Gyda'i gilydd darganfu Marie a Pierre ddwy elfen newydd. Enwodd Marie un yn poloniwm, ar ôl ei gwlad enedigol. Radiwm oedd y llall. Yn 1903 enillodd y ddau **Wobr Nobel mewn Ffiseg**. Wyth mlynedd yn ddiweddarach, enillodd Marie **Wobr Nobel mewn Cemeg**.

Medalau Gwobr Nobel

Mae llyfrau nodiadau Marie mor ymbelydrol, rhaid eu cadw mewn bocsys â leinin o blwm, a gwisgo menig arbennig cyn cyffwrdd â nhw.

Irène Joliot-Curie

Roedd teulu'r Curie yn deulu disglair. Yn 1935, enillodd Irène, merch Marie, Wobr Nobel mewn Cemeg.

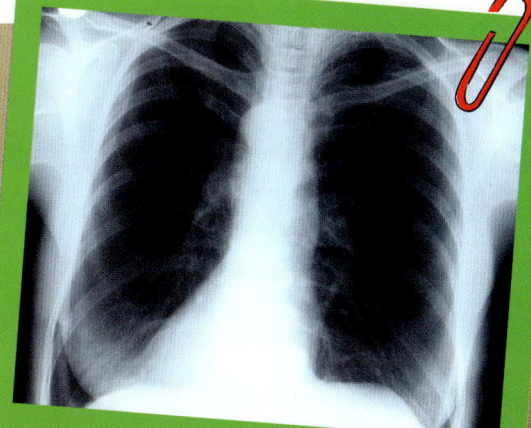

Yn ystod y Rhyfel Byd Cyntaf, helpodd Marie lawfeddygon i dynnu lluniau pelydr X o filwyr oedd wedi torri esgyrn, neu gael eu saethu. Sefydlodd unedau pelydr X teithiol, a bu'n gyrru un hefyd!

## Achub bywydau

Roedd Marie'n berson eithriadol. Hi oedd y wraig gyntaf i ennill Gwobr Nobel, a'r person cyntaf i ennill dwy. Yn anffodus, bu farw mwy na thebyg o effaith yr ymbelydredd y bu'n ei astudio, ond mae ei gwaith wedi helpu doctoriaid i **achub bywydau di-ri**.

# Hap a damwain

*"Natur wnaeth y pensilin. Dim ond ei ddarganfod wnes i."*
*– Alexander Fleming*

Mae doctoriaid a gwyddonwyr yn gweithio'n galed iawn i ddarganfod ffyrdd newydd a gwell o drin afiechydon. Ond digwyddodd un o'r darganfyddiadau pwysicaf yn hanes meddygaeth **ar ddamwain**!

### Clyfar ond blêr

Roedd y gwyddonydd **Alexander Fleming** o'r Alban yn astudio bacteria. Roedd yn casglu germau o ddagrau, poer, a hyd yn oed llysnafedd trwyn, ac yn eu rhoi mewn dysglau Petri. Roedd Fleming yn wyddonydd gwych, ond yn un gwael am **lanhau ei labordy**!

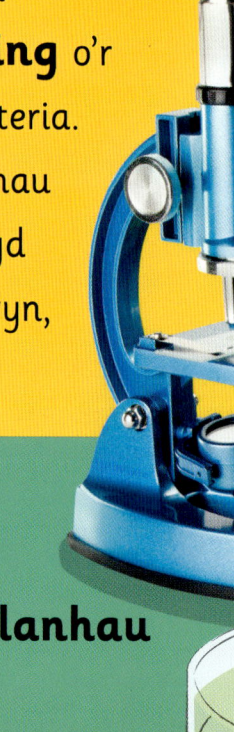

## Ffwng ffantastig

Yn 1928, aeth Fleming am bythefnos o wyliau. Pan ddaeth yn ôl, sylwodd bod **ffwng yn tyfu** ar un o'r dysglau Petri brwnt yn ei sinc. Yn bwysicach fyth, sylwodd bod y germau yn y ddysgl wedi cael eu lladd!

- Ffwng
- Germ
- Dysgl Petri

Pan astudiodd Fleming y ffwng, sylweddolodd ei fod yn cynhyrchu sylwedd oedd yn dda am ladd germau. Enwodd Fleming y sylwedd yn 'penisilin'.

## Drwy lwc

Roedd Fleming wedi darganfod yr **antibiotig** cyntaf erioed. Defnyddir antibiotigau i drin pob math o afiechydon. Mae darganfyddiad Fleming wedi achub miliynau o fywydau. Dyma un o'r darganfyddiadau pwysicaf erioed.

Aeth y gwyddonwyr Howard Florey, Ernst Chain a Norman Heatley ati i ddatblygu gwaith Fleming, gan buro pensilin i'w wneud yn ddiogel.

Cyn penderfynu ar 'pensilin', galwodd Fleming ei ddarganfyddiad yn 'sudd llwydni'.

# Rhaglennydd rhagorol

Grace yn hysbysebu iaith gyfrifiadurol hawdd ei defnyddio.

Ysbrydolodd yr Americanes **Grace Hopper** ferched oedd eisiau astudio cyfrifiaduron, a gwnaeth raglennu'n haws i bawb.

## Dealladwy i bawb

Yn 1934, Grace oedd un o'r menywod cyntaf i ennill doethuriaeth mewn **mathemateg**. Yn ystod yr Ail Ryfel Byd ymunodd â llynges UDA, a datblygu diddordeb mewn cyfrifiaduron. Ar ôl cael trafferth i raglennu cyfrifiadur, aeth ati i ddyfeisio rhaglen o gyfarwyddiadau y gallai pawb eu deall.

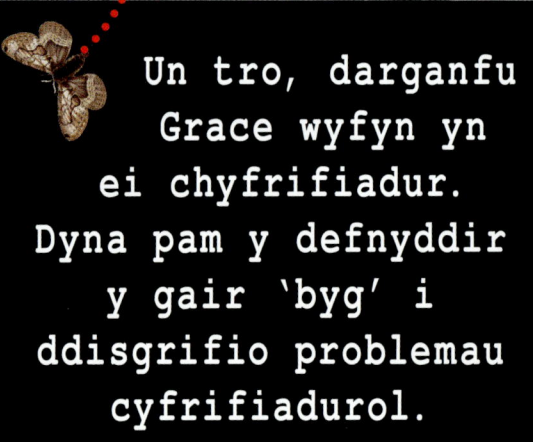

Un tro, darganfu Grace wyfyn yn ei chyfrifiadur. Dyna pam y defnyddir y gair 'byg' i ddisgrifio problemau cyfrifiadurol.

Sefydlwyd cynhadledd flynyddol Menywod mewn Cyfrifiadureg

Grace yn defnyddio cyfrifiadur tyllwr tapiau.

## Iaith fyd-eang

Datblygodd Grace **FLOW-MATIC**, yr iaith raglennu gyntaf i ddefnyddio geiriau Saesneg cyfarwydd yn lle symbolau mathemategol. O ganlyniad daeth y cod cyfrifiadurol yn haws, ac yn y pen draw helpodd bobl ar draws y byd i siarad yr un **iaith gyfrifiadurol**.

### Grace Hopper

Yn y Llynges, cafodd Grace ei dyrchafu'n Ôl-lyngesydd. Pan ymddeolodd, yn 79 oed, hi oedd y swyddog hynaf yn Lluoedd Arfog UDA.

## Amazing Grace

Enillodd Grace gymaint o wobrau am ei gwaith gwych nes cael y llysenw **Amazing Grace**, ar ôl y gân enwog. Ar ôl cymaint o lwyddiant, aeth ati i hyfforddi **pobl ifanc** a'u hannog i astudio rhaglennu.

Cafodd siwpyr-cyfrifiadur ac un o longau Llynges UDA eu henwi'n Hopper, ar ôl Grace.

er cof am Grace.

# Dyfeisiwr nwdls parod

Creodd y person clyfar hwn o Japan **fwyd brys poblogaidd** a helpu i fwydo'r byd.

## Bwyd rhad

Ar ôl yr Ail Ryfel Byd, roedd arian a bwyd yn brin. Cynigiodd y dyfeisiwr **Momofuku Ando** ateb i'r broblem. Ar ôl llawer o arbrofion, dyfeisiodd ffordd o fflach-ffrio nwdls, oedd yn gwneud iddyn nhw bara'n hirach o lawer.

Gweithiwr ffatri'n cario bocs o'r nwdls parod cyntaf.

Nwdls parod enillodd y bleidlais am ddyfais orau Japan yn yr 20fed ganrif.

## Llowcio llwythi

Cyn hir roedd y nwdls 'parod' hyn yn boblogaidd ar draws Japan. Roedden nhw'n **rhad** i'w cynhyrchu, yn **flasus**, ac yn **hawdd** i'w paratoi (dim ond ychwanegu dŵr!). Yn 1971, cyflwynwyd cwpan ewyn polystyren a daeth 'nwdls cwpan' yn ffefryn ledled y byd.

**WAW!**

Cafodd Ando'r syniad o greu cwpan ar ôl mynd am drip i UDA a gweld cwsmeriaid yn rhoi nwdls mewn cwpanau coffi yn lle bowlenni.

### Arwr y newynog

Nid yn unig roedd Ando wedi creu **bwyd cyfleus** iawn, ond roedd hefyd wedi helpu i fwydo'r newynog. Roedd llywodraethau Japan ac UDA yn ddiolchgar iawn, a chafodd Ando lu o wobrau – gan gynnwys Medal Anrhydedd 1977 am ei wasanaeth i bobl Japan.

Momofuku Ando

Honnai Ando bod nwdls yn ei gadw'n iach. Roedd e'n 96 oed yn marw.

## Nwdls Parod
*Dim ond ychwanegu dŵr*

Mae'r Amgueddfa Nwdls Cwpan yn Osaka, Japan, yn rhoi hanes Ando a'i ddyfeisiau.

# Cysylltu'r **byd**

Bob dydd mae llwythi enfawr o ddata yn teithio o gwmpas y byd ar ffurf e-byst, negeseuon tecst a ffotograffau. Fyddai hyn ddim yn bosib, oni bai am waith un dyn ...

**Syr Charles Kuen Kao**

### Syniad disglair

Ganwyd Charles Kuen Kao yn China yn 1933, ond symudodd i Loegr yn ddiweddarach i astudio peirianneg trydanol. Yn yr 1960au, bu Charles a'i gyd-weithwyr yn chwilio am ffyrdd o wella **opteg ffibr**, technoleg sy'n caniatáu i ddata, ar ffurf golau, deithio'n bell ar hyd ffibrau gwydr.

Yn 2009, enillodd Charles Wobr Nobel

## Y broblem

Un o broblemau opteg ffibr ar y pryd, oedd y ffaith fod y **signalau** a gâi eu gyrru drwy'r ceblau'n methu mynd yn bell, ac yn aml yn marw cyn cyrraedd pen y daith. Astudiodd Charles y broblem am hir.

## Meistr gwydr

Sylweddolodd Charles fod gormod o **amhureddau** yn y ceblau, a'u bod yn arafu'r golau oedd yn teithio drwyddyn nhw, fel mae ponciau ar yr hewl yn arafu ceir. Penderfynodd wneud ceblau o'r **ffibr gwydr puraf posib**.

Mae'r golau yn y cebl opteg ffibr yn symud drwy sboncio ar hyd waliau sydd â leinin o ddrychau.

## Llwyddiant anhygoel

Gweithiodd y ffibr gwydr newydd yn arbennig o dda. Nawr gellid gyrru data dros filoedd o filltiroedd heb broblem o gwbl. Cyn hir roedd ceblau opteg ffibr yn cael eu defnyddio **ledled y byd**.

Bob blwyddyn, mae pobl sy'n cael llwyddiant arbennig mewn gwahanol feysydd yn ennill Gwobr Nobel.

mewn Ffiseg am ei ddarganfyddiad.

# Anelu am y Lleuad

*"Doedd yna ddim ail gyfle. Roedd pawb yn gwybod hynny."*
– Margaret Hamilton

Margaret a'r cod ddatblygwyd gan ei thîm.

Anelodd yr Americanes hon yn uchel iawn. Helpodd i ddatblygu **meddalwedd** arbennig ar gyfer rhoi dyn ar y Lleuad.

## Sêr yn ei llygaid

Roedd **Margaret Hamilton** yn arbenigwraig ar y cyfrifiadur, ac yn gyfarwydd ag astudio'r awyr. Fel peiriannydd meddalwedd (hi ddyfeisiodd yr enw hwnnw), gweithiodd a raglen oedd yn rhagweld patrymau tywydd yn chwilio am awyrennau'r gelyn. Yna daeth galwad oddi wrth NASA …

## Cadw'n ddiogel

Roedd NASA'n gweithio'n galed i roi person ar y Lleuad. Margaret oedd arweinydd y tîm a ddatblygodd feddalwedd ar gyfer cyfrifiadur y llong ofod. Roedd diogelwch y gofodwyr yn bwysig iawn, felly gweithiodd i greu cod ar gyfer **system larwm** fyddai'n rhybuddio os oedd rhywbeth yn mynd o'i le.

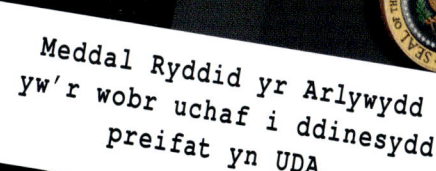

Meddal Ryddid yr Arlywydd yw'r wobr uchaf i ddinesydd preifat yn UDA.

```
LUNAR LANDING GUIDANCE EQUATIONS
---------------------------------
REF    45   LAST   799   31,2537   3 4752   0   CAF    TWO
REF     3   LAST   739   31,2540   55,621   1   TS     WCHPHOLD
REF     3   LAST   785   31,2641   55,351   0   TS     WCHPHASE
REF   223   LAST   791   31,2542   0 4616   1   TC     BANKCALL
REF     4   LAST   762   31,2543    40165   1   CADR   STOPRATE
REF    70   LAST   781   31,2544    00311   1   ADRES  XOVINFLAG
REF     3   LAST   229   31,2545   0 5516   0   TC     DOWNFLAG
REF    71   LAST   801   31,2546   0 5516   0   ADRES  REDFLAG
REF     2   LAST   785   31,2547    00143   1   TCF    VERTGUID

REF     3   LAST   800   31,2551   0 5311   1   TC     WCHPHASE

REF   146   LAST   800   31,2553   3 4755   1   CAF
REF     1              31,2554   55,746   1   TS
```

## Taith lwyddiannus

Yn 1969, gwyliodd pawb **Apollo 11** yn glanio'n ddiogel ar y Lleuad, diolch i'r system larwm. Hebddi, byddai'r glaniad wedi cael ei atal ar y funud olaf. Derbyniodd Margaret Fedal Ryddid yr Arlywydd yn 2016 am ei gwaith arloesol.

Gweithiodd tua 400,000 o bobl i sicrhau llwyddiant y daith.

# Crwydro'r gofod

Gall peiriannau fynd ar antur, yn ogystal â phobl. Ers dros 40 mlynedd mae **chwiliedyddion gofod Voyager** wedi teithio drwy'r gofod a thu hwnt i'n Cysawd Haul..

Daear

### Astudio planedau

Yn 1977, lansiwyd Voyager 1 a 2 i gyfeiriad planedau enfawr **Iau** a **Sadwrn**. Yn ystod y daith, tynnon nhw luniau gwych o gylchoedd Sadwrn a darganfod tair o'i lleuadau. Hefyd darganfuon nhw fynyddoedd tân ar Io a lleuad Iau.

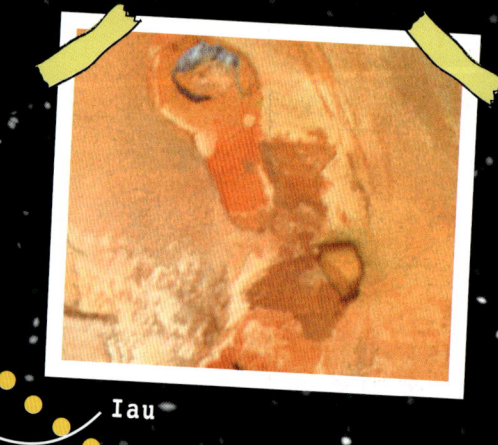
Iau

Sadwrn

## Gwthio'r ffiniau

Roedd y ddau chwiliedydd mor llwyddiannus nes i wyddonwyr ar y Ddaear benderfynu eu gyrru'n bellach. Cyrhaeddodd Voyager 2 blaned **Wranws** yn 1986 a **Neifion** yn 1989, gan yrru lluniau anhygoel yn ôl i'r Ddaear. Hyd yn hyn dyna'r unig long ofod i gyrraedd y planedau hyn.

**Voyager 2**

Ar bob chwiliedydd mae record aur sy'n llawn dop o luniau, synau a chyfarchion o'r Ddaear mewn sawl iaith.

Neifion

Wranws

## Rhwng y sêr

Ar hyn o bryd mae'r ddau chwiliedydd yn archwilio'r Bydysawd. Yn 2012, gadawodd Voyager 1 **Gysawd yr Haul**, a dilynodd Voyager 2 yn 2018. Gobaith gwyddonwyr yw y bydd y ddau'n dal i archwilio'r gofod pell am ddeg mlynedd arall.

**Voyager 1**

Cynlluniwyd y Voyagers i bara am ddim ond 5 mlynedd!

99

# Ar blaned Mars

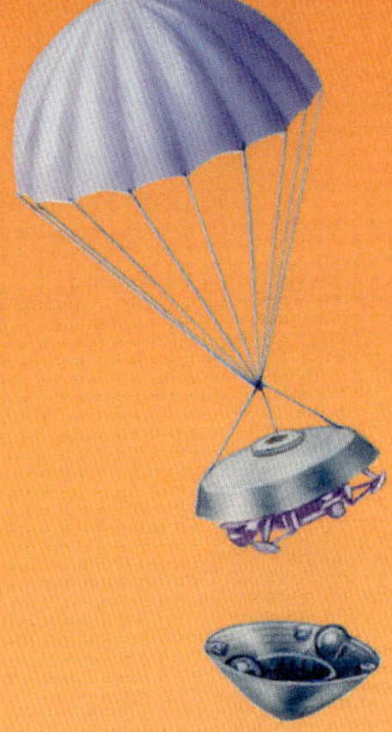

Mae llawer o bobl wedi teithio ac anturio. Ond nawr rydyn ni'n defnyddio **robotiaid** fwy a mwy i'n helpu i archwilio.

## Crwydro o gwmpas

Yn 1997, glaniodd y llong ofod **Pathfinder** ar y blaned Mawrth. Wrth iddi wibio i lawr, agorodd parasiwt i'w harafu, a bagiau awyr arbennig i'w helpu i lanio'n esmwyth. Gollyngwyd dau ramp a rholiodd **Sojourner** allan, y 'crwydryn' cyntaf i archwilio wyneb Mawrth.

Glaniodd Pathfinder mewn ardal oedd yn llawn creigiau y gallai Sojourner eu hastudio. Ar ôl edrych ar y data, barn y gwyddonwyr ar y Ddaear oedd fod Mawrth, ar un adeg, yn fwy cynnes a gwlyb nag yw hi heddiw.

## Casglu gwybodaeth

Crwydrodd Sojourner o gwmpas gan gasglu **samplau o graig** a thynnu lluniau. Cynlluniwyd y robot i bara am saith diwrnod, ond daliodd ati am bron dri mis! Casglodd wybodaeth oedd yn werthfawr iawn i wyddonwyr ac ers hynny, mae robotiaid eraill wedi archwilio'r blaned.

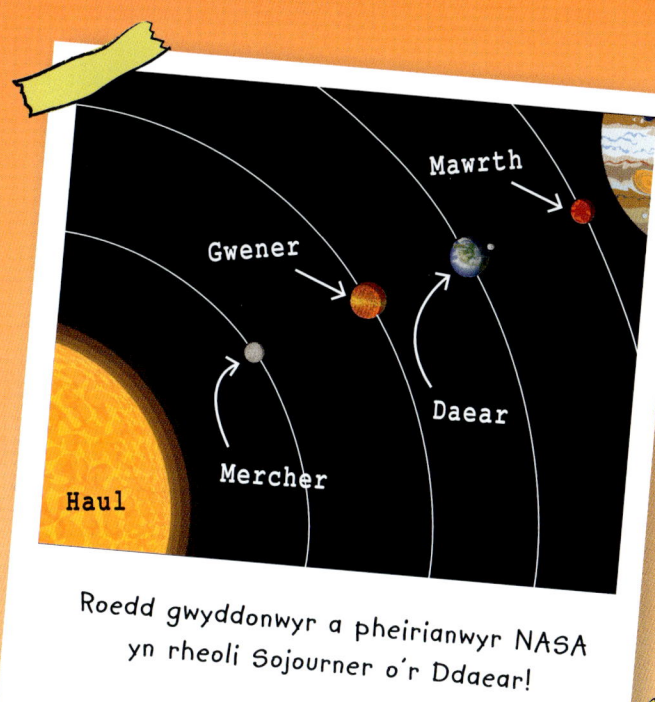

Roedd gwyddonwyr a pheirianwyr NASA yn rheoli Sojourner o'r Ddaear!

Sojourner

Roedd gan Sojourner ddau gamera, un ar y tu blaen, ac un ar y tu ôl. Tynnodd gannoedd o luniau o ddiddordeb gwyddonol.

# Y **peiriant** rhyfeddol

Yn 2008, gorffennodd gwyddonwyr o bob cornel o'r byd adeiladu'r peiriant mwyaf erioed yn y Swistir. Maen nhw'n gobeithio y bydd y **Gwrthdrawydd Hadron Mawr** yn datrys rhai o'r dirgelion gwyddonol mwyaf dyrys.

> Adeiladwyd y Gwrthdrawydd gan fudiad CERN, sy'n rhoi cyfle i wyddonwyr disglair o bob rhan o'r byd gydweithio.

Mae'r Gwrthdrawydd yn hirach na rhes o

# Tu mewn i'r Gwrthdrawydd

Y Gwrthdrawydd yw'r peiriant mwyaf o ran maint, a'r mwyaf drud a chymhleth yn y byd. Mae'n galluogi gwyddonwyr i daro pethau pitw bach o'r enw **gronynnau** yn erbyn ei gilydd, bron ar **gyflymder goleuni**, er mwyn ail-greu amodau tebyg i'r rhai oedd yn bodoli ar ddechrau'r Bydysawd, tua 14 biliwn o flynyddoedd yn ôl!

**Mae'r Gwrthdrawydd yn helpu gwyddonwyr i ddeall gwahanol ronynnau, a deall mwy am sut y crëwyd y Bydysawd.**

Drwy ddeall beth ddigwyddodd yn y gorffennol, gall gwyddonwyr lunio'r dyfodol.

Mae'r Gwrthdrawydd yn ffurfio twnnel siâp cylch dan y ddaear, sy'n 27km (17 milltir) o hyd!

260 o gaeau pêl-droed!

# Llun y **llyncwr**

Mae'r Bydysawd yn llawn dirgelion, ond yn 2019, llwyddodd gwyddonwyr clyfar i daflu goleuni ar **ffenomenon rhyfeddol** iawn yn y gofod.

Telesgopau *Event Horizon*

Man arbennig yn y gofod yw twll du. Yno mae grym o'r enw disgyrchiant mor gryf, mae'n llyncu popeth – hyd yn oed golau!

### Gwyddonwyr gwych
Drwy gyfuno technoleg y telesgop a chlyfrwch rhyfeddol, aeth gwyddonwyr ati i dynnu'r llun cyntaf o **dwll du**. Ar draws y byd canolbwyntiodd arsyllfeydd o'r enw **Event Horizon Telescope** ar dwll du tua 55 miliwn o flynyddoedd golau o'r Ddaear. Casglwyd y data a lluniodd cyfrifiadurwyr set o gyfarwyddiadau fyddai'n cynhyrchu llun.

# O'r tywyllwch

Ym mis Ebrill 2019, gwelwyd y llun cyntaf erioed o dwll du ar sgrin. Cyn hynny, doedd **neb wedi gweld** twll du – roedd gwyddonwyr yn gwybod amdanyn nhw am eu bod yn cael effaith ar y sêr, y llwch a'r galaethau o'u cwmpas. Diolch i'r gwyddonwyr, rydyn ni wedi dysgu un peth arall am y Bydysawd.

Petaet ti'n syrthio i dwll du, byddet ti'n cael dy sugno i mewn, ac yn cael dy ymestyn fel sbageti nes i dy gorff dorri'n ddarnau! Yr enw am hyn yw 'sbageteiddio'.

Mae'r cylch oren llachar wedi'i wneud o nwy.

Y smotyn du yw cysgod y twll du.

Dyma'r llun arloesol cyntaf erioed o dwll du!

# Arloeswyr

# a **sylfaenwyr**

Mae pobl yn gwneud pethau rhyfeddol, ond mae llawer o'r pethau hyn wedi cael eu gwneud o'r blaen. Dychmyga fod **y person cyntaf erioed** i wneud rhywbeth anhygoel. Dyna'n union beth ddigwyddodd i'r bobl hyn, wrth wireddu eu breuddwydion.

# Antur annisgwyl

Pan laniodd llong Brydeinig ar arfordir ynys fach Huahine, Polynesia, bachodd un dyn ar y cyfle i fynd ar **antur** …

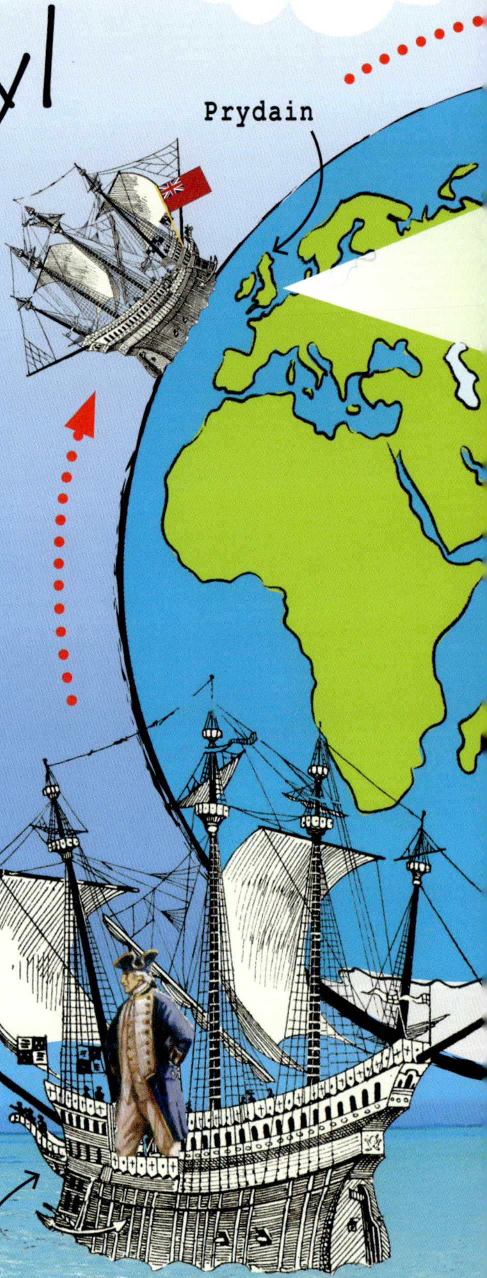

Prydain

Omai

Capten Cook

*Tybed a ga i gyfle i fynd ar y llong yna?*

### Gwneud ffrindiau

Pan hwyliodd un o longau'r anturiaethwr Prydeinig, Capten Cook, i ynys Huahine, ger Tahiti, roedd dyn ifanc o'r enw **Omai** (neu Mai) wrth ei fodd. Roedd Omai eisiau dysgu mwy am Brydain, felly daeth yn ffrindiau â'r criw. Yn 1773, cafodd gyfle i hwylio i Brydain.

Y Frenhines Charlotte

Y Brenin Siôr III

Dwi'n hoffi'r dyn hwn.

## Croeso cynnes

Omai oedd y person cyntaf o Bolynesia i ymweld â Phrydain, ac roedd pawb **eisiau cwrdd** ag e. Cafodd wahoddiad i dai'r cyfoethog, peintiwyd lluniau ohono, a chafodd ginio gyda'r Brenin a'r Frenhines. Dysgodd sut i farchogaeth, siarad Saesneg, a chwarae tabler (*backgammon*) a gwyddbwyll.

Huahine

## Swfenîrs Omai

Ar ôl tua dwy flynedd, roedd hi'n bryd mynd adref. Ymysg **swfenîrs** Omai, roedd glôb, ambarelau, set wyddbwyll ac arfwisg. Aeth i fyw mewn tŷ pren yn Huahine, a gardd o'i gwmpas yn llawn planhigion Ewropeaidd.

109

# Croesi'r Delaware

Cyn dod yn arlywydd cyntaf America, roedd George Washington yn dipyn o anturiaethwr. Un o'i gampau enwocaf oedd croesi'r Afon Delaware, gan newid cwrs **Rhyfel Chwyldro America**.

George Washington

## Brwydr dros Ryddid

Yn 1775, roedd gwladychwyr America (pobl oedd wedi ymsefydlu yno) eisiau dod yn rhydd o reolaeth Prydain ac, ar 4 Gorffennaf 1776, cyhoeddon nhw Ddatganiad Annibyniaeth. **George Washington**, cadfridog y fyddin Americanaidd, arweiniodd y frwydr yn erbyn y Prydeinwyr.

Mae llun enwog, a beintiwyd yn 1851, yn dod

## Cynllun dewr

Erbyn Rhagfyr 1776, roedd byddin America **mewn trafferth**, ac roedd yn bwysig iawn i Washington gael buddugoliaeth. Doedd dim amdani ond mentro croesi afon beryglus a rhewllyd Delaware. Ar noson Nadolig dringodd y milwyr i gychod bach a threulio oriau'n brwydro drwy storm aeafol. Dim ond un o bob tri gyrhaeddodd y lan.

*Cododd buddugoliaeth Trenton galonnau'r Americanwyr a chynnal fflam annibyniaeth.*

### Ymosod!

Pan gyrhaeddodd milwyr Washington y lan, sleifion nhw i dref **Trenton** ac ymosod yn ddirybudd. Enillodd yr Americanwyr eu buddugoliaeth fawr gyntaf ers dechrau'r Chwyldro, ac yn y diwedd, yn 1783, enillon nhw'r rhyfel a'u hannibyniaeth.

â menter fawr Washington yn fyw.

Daeth George Washington yn arlywydd cyntaf yr Unol Daleithiau yn 1789.

# Chwilio am ffosilau

Mae llawer o bobl yn hoffi chwilio am gregyn ar y traeth, ond trawsnewidiodd **darganfyddiadau'r** wraig hon ein gwybodaeth am fywyd ar y Ddaear yn y gorffennol pell.

### Darganfod deinosor
Yn ystod blynyddoedd cyntaf y 19$^{fed}$ ganrif, roedd merch ysgol, **Mary Anning**, yn casglu cregyn a ffosilau ar y traeth ger ei chartref yn ne Lloegr. Yn 1811, pan oedd hi'n 12 oed, darganfu hi a'i brawd sgerbwd ymlusgiad môr enfawr yn gorwedd dan y tywod. **Ichthyosor** o **oes y deinosoriaid** oedd e!

Mae cân Saesneg i blant yn sôn am Mary Anning, *She sells seashells by the seashore.*

> Roedd fy mrawd a fi'n gwerthu ffosilau i dwristiaid.

Mary Anning

Gweddillion pethau byw o'r gorffennol pell,

## Arwres anhysbys

Daeth yr ardal yn enwog am ei ffosilau. Er nad oedd Mary wedi cael ei hyfforddi i chwilio am ffosilau, daeth o hyd i gannoedd ohonyn nhw. Ar y pryd, roedd palaeontoleg – **astudiaeth o ffosilau** – yn cael ei dominyddu gan ddynion, ac felly roedd llawer o bobl yn amau darganfyddiadau Mary. Cymerodd rhai dynion y clod am ei gwaith!

Ffosil amonit

## Cyfraniad hollbwysig

Drwy ffosilau Mary, gan gynnwys sgerbydau amonit, plesiosor, ac ichthyosor a chreaduriaid hanesyddol eraill, dysgodd gwyddonwyr lawer mwy am yr arfordir hynafol hwn a'i anifeiliaid diflanedig.

Yn 1823, darganfu Mary'r sgerbwd cyflawn cyntaf o ymlusgiad môr â gwddw hir o'r enw plesiosor.

Roedd Mary Anning yn siwpyr-seren!

Ymlusgiad môr ydw i, nid deinosor!

Ichthyosaur

wedi eu cadw yn y Ddaear, yw ffosilau.

# Cloddio am aur

Mae aur yn fetel mor werthfawr, mae'n hudo pawb. Yn 1848, tyrrodd llu o bobl i Galiffornia, UDA, i **chwilio am aur**.

AUR! Mae gen i aur!

Aur

### Y rhuthr am aur

Pan oedd James Wilson Marshall yn archwilio gwely afon, gwelodd dameidiau o **fetel sgleiniog**. Dangosodd nhw i bobl eraill, a sylweddolon nhw ar unwaith ei fod wedi darganfod aur! Aeth y si ar led fod aur yng Nghaliffornia, a chyn hir roedd miloedd o bobl yn tyrru yno i chwilio am gyfoeth.

# Cyfoeth Califfornia

**SAN FRANCISCO, CALIFFORNIA** — 24eg IONAWR 1848

## Awchu am aur

Ar y cychwyn, roedd yn hawdd cloddio am aur â llaw. Un ffordd gyffredin o wneud hynny oedd **panio**, sef ysgwyd dŵr yr afon a thywod drwy ridyll, nes i'r aur ddod i'r golwg. Yn ddiweddarach, roedd yn rhaid cael peiriannau.

Chwilio am aur

**Yn 1849 yn unig, darganfuwyd gwerth tua $10 MILIWN o aur. Erbyn 1852, roedd y swm wedi codi i $81 MILIWN.**

## Diwedd cyfnod

Ar ôl ychydig flynyddoedd, roedd y rhuthr am aur ar ben. Er bod aur yn dal yno, roedd llawer llai ohono. Ond fyddai Califfornia fyth yr un fath. Hyd heddiw, mae miliynau o'r bobl sy'n byw yno yn **ddisgynyddion** i'r rhai ddaeth i chwilio am aur.

San Francisco

Yn ystod y rhuthr am aur, cynyddodd poblogaeth San Francisco o tua 1,000 i dros 25,000!

# Y ffordd i ryddid

Mentrodd yr Americanes hon ei bywyd ei hun i helpu cannoedd o bobl i **ddianc i ryddid**.

## Llwybr rhyddid

Yn yr 1800au, cafodd llawer o bobl o Affrica eu gorfodi i weithio fel caethweision yn UDA. Llwybr cudd i helpu caethweision yn nhaleithiau'r de i ddianc i'r gogledd ac i ryddid oedd y **Rheilffordd Danddaearol**. Roedd pobl o'r enw tywyswyr yn helpu'r caethweision i gadw'n ddiogel ac osgoi cael eu dal. Un o'r tywyswyr oedd **Harriet Tubman**, a fu unwaith yn gaethferch ei hun.

"Bues i'n dywysydd ar y Rheilffordd Danddaearol am wyth mlynedd. Fi yw'r un o'r ychydig rai all ddweud na wnes i erioed yrru trên oddi ar y trac, na cholli un o'r teithwyr."
– Harriet Tubman

Cynigiodd perchnogion caethweision wobr o $40,000 am ddal HARRIET TUBMAN.

## Dangos y ffordd

Pan oedd hi'n gaethferch, dioddefodd Harriet galedi erchyll. Ar ôl dianc yn 1849, gweithiodd ar y Rheilffordd Danddaearol, gan helpu caethweision i ddianc oddi wrth eu perchnogion. Er gwaetha'r perygl o gael ei dal, roedd hi bob amser yn **ddewr** ac yn **benderfynol**.

Câi Harriet ei galw'n 'Moses', am fod Moses, yn y Beibl, wedi arwain ei bobl i ryddid.

## Help llaw

Daliodd Tubman ati i helpu pobl eraill. Pan gychwynnodd Rhyfel Cartref America yn 1861, gweithiodd fel nyrs ac ysbïwraig i helpu Byddin yr Undeb oedd eisiau diddymu caethwasiaeth. Hi oedd yr Americanes gyntaf erioed i arwain ymgyrch filwrol, pan aeth â 300 o filwyr i fyny Afon Combahee, De Carolina, i **achub cannoedd o gaethweision**.

Daeth y Rhyfel Cartref i ben yn 1865, a diddymwyd caethwasiaeth yn UDA. Agorodd Tubman gartref i'r hen a'r tlawd yn Efrog Newydd.

# Hwylio i ryddid

Yn 1862, mentrodd y dyn dewr hwn **ddwyn cwch** a dianc o'i fywyd fel caethwas.

### Caethwas o'r cychwyn

Yn 1839, cafodd **Robert Smalls** ei eni'n gaethwas ar fferm yn Ne Carolina, UDA. Pan oedd yn 12 oed, gyrrodd ei berchennog e i dref Charleston i weithio i bobl eraill. Roedd Robert yn cael cadw ychydig o'i gyflog, ond ei berchennog oedd y cael y rhan fwyaf.

### Morwr dibynadwy

Erbyn 1862, roedd Robert yn gweithio ar y llongau yn Harbwr Charleston. Roedd yn forwr da, ac roedd y swyddogion yng ngofal y llongau'n ymddiried ynddo. Ond roedden nhw'n benderfynol o'i gadw'n gaethwas.

UDA 1887

# Newyddion y Byd

## Newyddiadurwraig ar grwydr

Roedd yr Americanes hon yn gweithio i bapur newydd. Ymchwiliodd i **broblemau o fewn y gymdeithas**, ac yna creu ei newyddion ei hun drwy dorri record am deithio o amgylch y byd.

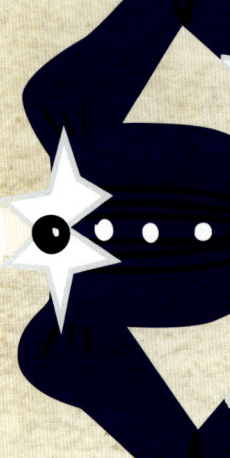

Nellie Bly

## Y NEWYDDION DIWEDDARAF

Yn 1885, ysgrifennodd **Nellie Bly** lythyr i'w phapur lleol yn cwyno am erthygl oedd yn portreadu menywod mewn ffordd negyddol. Gwnaeth ei llythyr chwyrn gymaint o argraff ar olygydd y papur, nes iddo **gynnig swydd** iddi.

"Gall egni sy'n cael ei gyfeirio'n gywir gyflawni popeth." – Nellie Bly

## CLAF CYFRWYS

Astudiodd Nellie dlodi yn y slymiau ac archwilio amodau gwaith mewn ffatrïoedd. Ysgrifennodd am hyn. Yn 1887, penderfynodd **esgus** bod yn sâl, er mwyn cael mynediad i ysbyty meddwl, a gweld sut oedd cleifion yn cael eu trin yno.

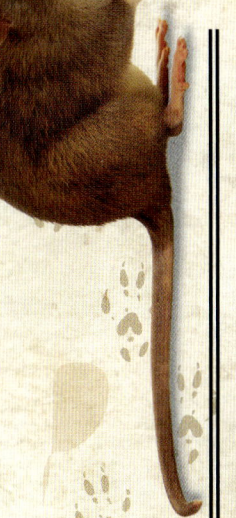

Ar ôl i erthygl Nellie gael ei chyhoeddi, gwellodd amodau'r cleifion, a daeth hi'n enwog.

## YSBYTY YCH-A-FI

Dychrynodd Nellie o weld y baw, a'r **llygod mawr yn rhedeg yn wyllt**. Yn amlwg, doedd y cleifion ddim yn cael y gofal cywir.

## Torri record

Ar ôl darllen y nofel Rownd y Byd mewn 80 Diwrnod gan y Ffrancwr Jules Verne, penderfynodd Nellie osod her iddi hi ei hun – teithio o gwmpas y byd mewn llai o amser na'r cymeriad yn y stori! Cyhoeddwyd hanes ei **hanturiaethau** – mewn cychod, trenau, ac ar gefn ceffyl – yn y papurau newydd.

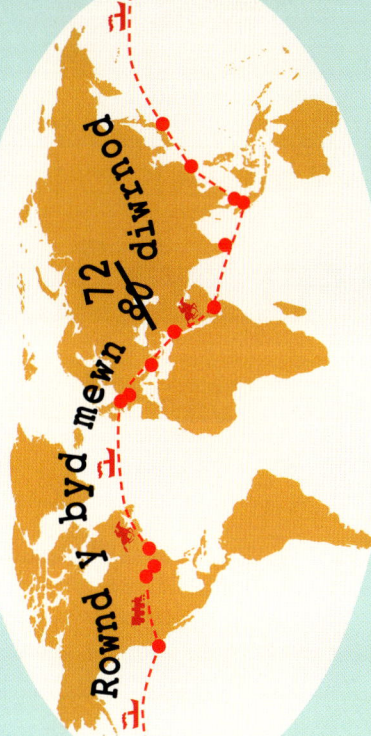

Rownd y byd mewn 72 / 80 diwrnod

Rhuthrodd Nellie o amgylch y byd mewn 72 diwrnod, gan osod record newydd!

# O'r Dwyrain i'r Gorllewin ac yn ôl

Y wraig gyntaf o Japan i astudio yn UDA oedd Tsuda Umeko. Defnyddiodd y profiad i ddatblygu **addysg i fenywod** yn ei mamwlad.

## Dysgu a dangos

Ganwyd **Tsuda Umeko** yn Japan yn 1864. Yn 7 oed, cafodd hi a phedair merch arall eu gyrru i UDA i ddysgu am ddiwylliant y Gorllewin. Roedden nhw i fod casglu gwybodaeth am sut i ofalu am y cartref a magu plant. Ond roedd gan Umeko **syniadau gwahanol**.

Japan

Tsuda Umeko

## Tua'r gorllewin

Treuliodd Umeko 11 mlynedd yn UDA, yn astudio popeth o wyddoniaeth a llenyddiaeth i gelf a cherddoriaeth. Sylweddolodd y gallai'r wybodaeth hon **wella bywydau** menywod yn Japan. Wedi mynd nôl i Japan, bu'n siarad yn gyhoeddus am bwysigrwydd addysg i fenywod a rôl menyw mewn cymdeithas.

Ar ôl astudio yn UDA, enillodd Umeko radd mewn bioleg.

Fel teyrnged i'w gwaith, bydd llun TSUDA UMEKO ar bapur Y5000 o 2024 ymlaen.

### Newid bywydau

Er iddi gael cyfle i aros yn UDA, roedd Umeko'n benderfynol o drawsnewid bywydau menywod Japan. Roedd yn arbenigwraig ar addysg, ac yn barod i newid y drefn. Yn 1900 sefydlodd **Goleg Tsuda**, sy'n un o'r colegau hynaf i fenywod yn Japan.

# Ymladd am **hawliau**

Gall menywod ar draws y byd ddiolch i **Emmeline Pankhurst** am arwain y frwydr dros gydraddoldeb rhyw a helpu menywod i gael y bleidlais.

## Hawliau menywod

Ganwyd Emmeline yn Lloegr yn 1858 i deulu o weithredwyr gwleidyddol, a ddysgodd hi sut i sefyll yn gadarn dros yr hyn roedd hi'n ei gredu. Yn 1903, sefydlodd Undeb Cymdeithasol a Gwleidyddol y Menywod er mwyn helpu menywod i gael yr un **cyfleoedd** â dynion, ac i fynnu pleidlais i fenywod. Yn 1918, cafodd menywod dros 30 oed yr hawl i bleidleisio, ond roedd mwy o waith i'w wneud.

"Byddai'n well gen i fod yn rebel nag yn gaethferch."
— Emmeline Pankhurst

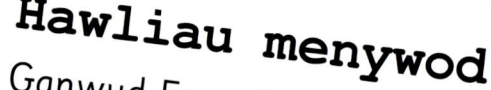

Pleidlais i fenywod

## Gweithredu

Doedd protestiadau'r Undeb ddim yn heddychlon bob amser. Clymodd rhai menywod eu hunain i ffensys â chadwynau, torri ffenestri, a chynnau tanau i dynnu sylw. Arestiwyd llawer ohonyn nhw. Roedd y papurau newydd yn eu galw'n **swffragetiaid** ac mae'r enw wedi para.

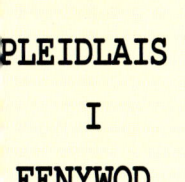

PLEIDLAIS I FENYWOD

Yn 1893 Seland Newydd oedd y wlad gyntaf i roi'r bleidlais i fenywod.

MAE MENYWOD YN MYNNU PLEIDLAIS

Ymgyrchodd merched Emmeline dros y swffragetiaid hefyd.

GWEITHRED NID GAIR

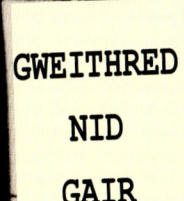

PLEIDLAIS I FENYWOD

## Pleidlais i bawb

Yn ystod y Rhyfel Byd Cyntaf stopiodd yr Undeb brotestio, er mwyn i fenywod allu gwneud gwaith dynion. Gollyngwyd swffragetiaid yn rhydd o'r carchar a dechreuodd llywodraethau werthfawrogi'r Undeb. Bu farw Emmeline yn 1928, ond ychydig ddyddiau'n ddiweddarach, cafodd menywod yn y DU yr **hawl i bleidleisio** yn 21 oed. Roedd Emmeline wedi ennill, ond roedd y frwydr am gydraddoldeb rhyw yn parhau.

# Dysgu hedfan

Yn gynnar yn yr 1900au, roedd pobl ar fin hedfan am y tro cyntaf mewn **awyren â pheiriant**. Credai llawer o beirianwyr fod angen peiriannau cryf iawn, ond roedd gan ddau frawd syniad gwahanol ...

Orville Wright

### Peiriant hedfan
Ar ddiwrnod oer a gwyntog ym mis Rhagfyr 1903 yng Ngogledd Carolina, UDA, roedd y brodyr **Orville** ac **Wilbur Wright** yn barod i brofi eu dyfais, y *Wright Flyer*.

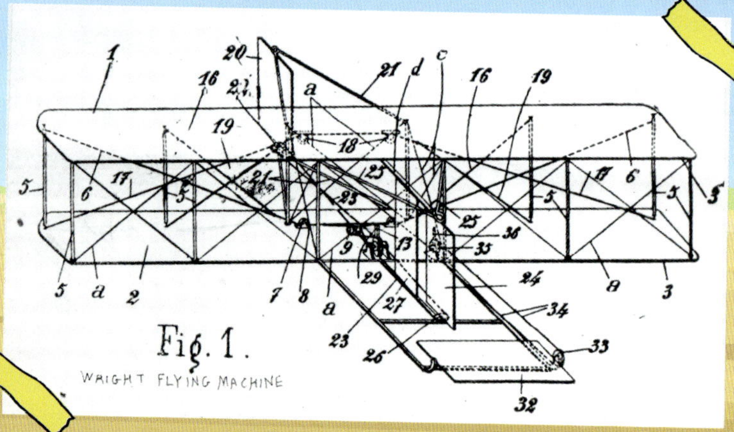

Wilbur Wright

Fig. 1.
WRIGHT FLYING MACHINE

### Pwyso a mesur
Roedden nhw wedi treulio blynyddoedd yn profi adenydd o wahanol siapiau, a ffyrdd gwahanol o lywio. Ar ôl gweithio yn y diwydiant beiciau, roedden nhw'n gwybod fod **cydbwysedd** yn bwysicach na nerth peiriant.

Y Wright Flyer

Ffliciodd y brodyr ddarn o arian i weld pwy fyddai'r cyntaf i hedfan. Orville enillodd.

## I fyny!

O'r diwedd, lansiwyd y *Wright Flyer* i lawr ramp metel. Am ychydig eiliadau roedd Orville yn hedfan 3m (10tr) uwchlaw'r ddaear. Symudai'r awyren i fyny ac i lawr yn yr awyr. Er i Orville wneud ei orau i'w rheoli, daeth pwff o wynt cryf a disgynnodd yn glec ar y traeth. Ond roedd hi **wedi gweithio**!

NEWYDDION
DIM DIDDORDEB YM MHEIRIANT WRIGHT

Doedd gan y papurau newydd ddim diddordeb yn yr awyren. Wnaeth neb sylweddoli pa mor BWYSIG oedd hi tan yn ddiweddarach.

Hedfanodd y brodyr eu hawyren yn Kitty Hawk, Gogledd Carolina, am fod y gwyntoedd yn gyson a'r tywod yn feddal pe baen nhw'n cwympo. Roedd rhaid bod yn ofalus!

127

# Brenhines yr awyr

Yn gynnar yn yr 20fed ganrif, ychydig iawn o bobl allai ystyried cael gyrfa fel **peilot**. Ond, yn groes i'r disgwyl, llwyddodd un wraig arbennig ...

Bessie Coleman

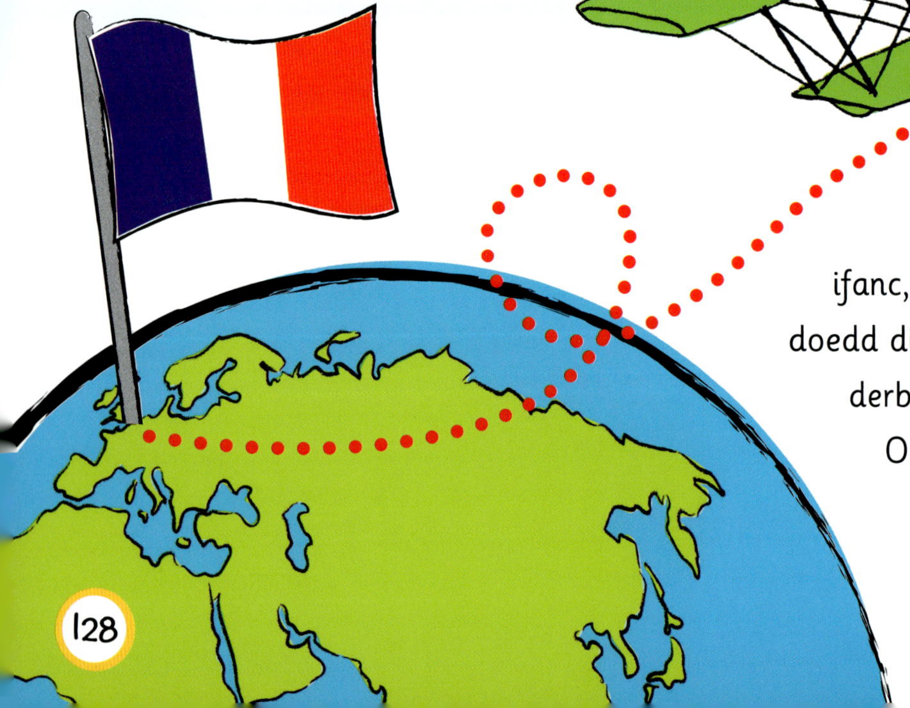

### Dal ati

Pan oedd **Bessie Coleman** yn ifanc, breuddwydiai am fod yn beilot, ond doedd dim un ysgol hedfan yn UDA yn fodlon derbyn Americanes o dras Affricanaidd. Ond roedd Bessie'n benderfynol. Cynilodd ei harian, dysgu siarad Ffrangeg, a symud i Ffrainc i gael **gwersi hedfan**.

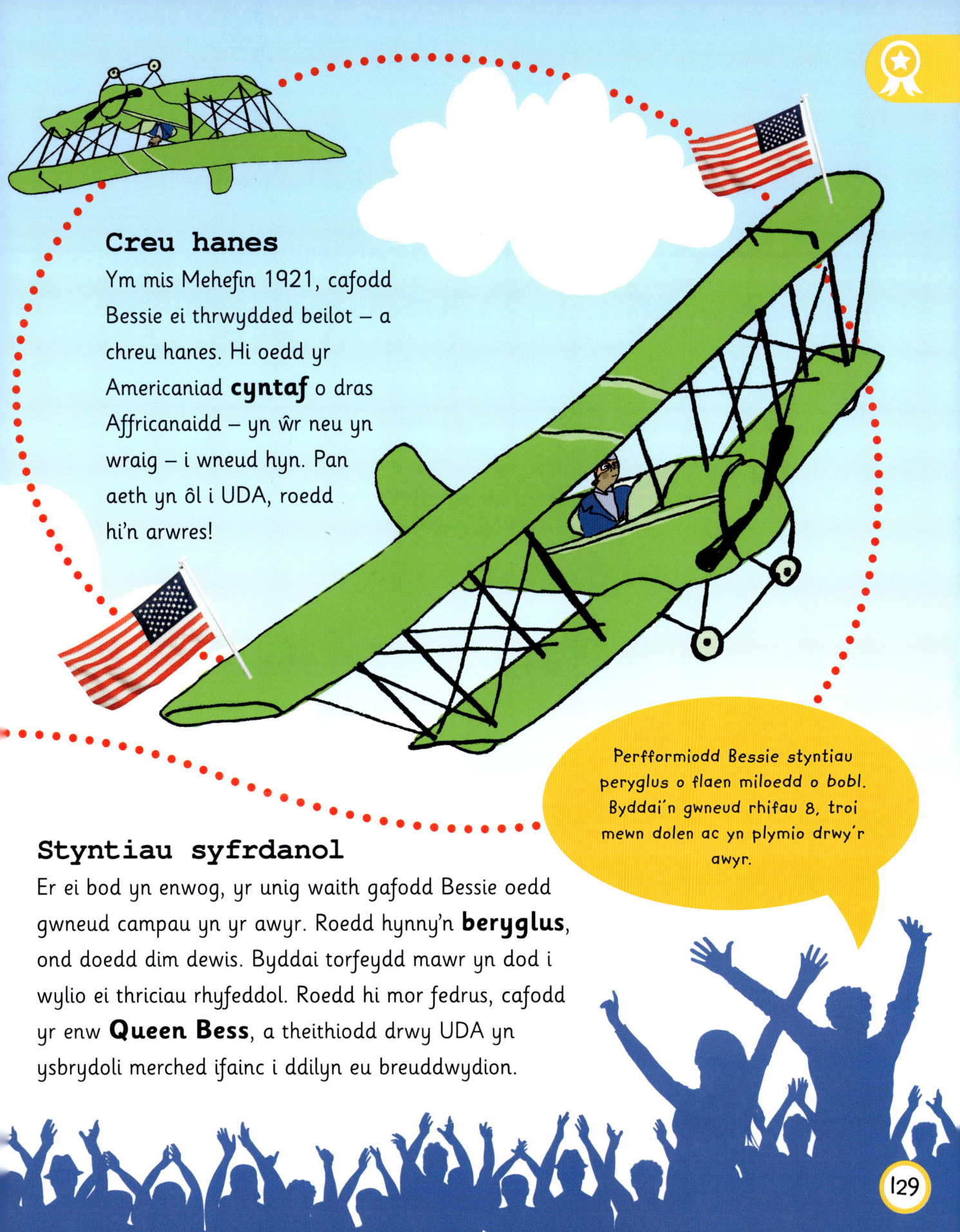

## Creu hanes

Ym mis Mehefin 1921, cafodd Bessie ei thrwydded beilot – a chreu hanes. Hi oedd yr Americaniad **cyntaf** o dras Affricanaidd – yn ŵr neu yn wraig – i wneud hyn. Pan aeth yn ôl i UDA, roedd hi'n arwres!

## Styntiau syfrdanol

Er ei bod yn enwog, yr unig waith gafodd Bessie oedd gwneud campau yn yr awyr. Roedd hynny'n **beryglus**, ond doedd dim dewis. Byddai torfeydd mawr yn dod i wylio ei thriciau rhyfeddol. Roedd hi mor fedrus, cafodd yr enw **Queen Bess**, a theithiodd drwy UDA yn ysbrydoli merched ifainc i ddilyn eu breuddwydion.

Perfformiodd Bessie styntiau peryglus o flaen miloedd o bobl. Byddai'n gwneud rhifau 8, troi mewn dolen ac yn plymio drwy'r awyr.

# Byd o ryfeddodau

Yn 1922, roedd merch Ganadaidd-Americanaidd, 16 oed, o'r enw **Idris Galcia Welsh** yn breuddwydio am fynd ar antur. Pan welodd hysbyseb am anturiaethwraig, bachodd ar y cyfle. Cyn hir byddai'n gyrru o amgylch y byd.

## Newid enw, newid byd

Cwrddodd Idris â Cap, arweinydd **Taith Wanderwell**, yn Nice, Ffrainc. Croesawyd hi i'r tîm a mabwysiadodd yr enw **Aloha Wanderwell**. Teithiodd y tîm drwy Ewrop, Affrica, Asia, a Gogledd America, gan ffilmio a thynnu lluniau ar y ffordd.

← Aloha Wanderwell

Gyrron nhw o dan Borth Brandenburg.

Porth Brandenburg, yr Almaen

Rhwng 1922 ac 1927, gyrrodd tîm Wanderwell drwy **43 GWLAD** ar **4 CYFANDIR!**

### Dyffryn y Brenhinoedd, yr Aifft

Pan gyrhaeddon nhw'r Sffincs Mawr yn yr Aifft, gwersyllodd y tîm cyfan oddi tano.

### Taj Mahal, India

Cwrddodd Aloha â swynwr nadroedd o flaen y Taj Mahal.

### Mynydd tân Kilauea, Hawaii

Cap yn ffilmio Aloha ar ymyl Mynydd Tân Kilauea.

Ar ôl cwympo mewn cariad ar y daith, priododd Aloha a Cap ym mis Ebrill 1925.

### Califfornia, UDA

Weithiau rhwbiai Aloha stwnsh banana ar y car i'w iro a chadw'r injan i redeg!

## Gwraig dalentog

Ar ôl blynyddoedd ar grwydr, rhoddodd y Wanderwells eu fideos at ei gilydd a chreu ffilmiau. Daeth Aloha'n enwog fel **y ferch a deithiodd ymhellach na'r un ferch arall**. Fel aelod pwysig o'r tîm, roedd wedi gyrru a thrwsio'r car, ffilmio fideos, cyfieithu, gwneud dillad, a pherfformio styntiau. Hi oedd y wraig gyntaf i deithio o amgylch y byd mewn car.

# Gorymdaith ryddid

Am ddegawdau roedd India'n rhan o'r Ymerodraeth Brydeinig. Roedd **Mahatma'n Gandhi'n** benderfynol o ryddhau ei wlad, ond doedd e ddim yn credu mewn trais, felly chwiliodd am ffyrdd eraill o newid y sefyllfa.

Mahatma Gandhi

## Cerdded ymlaen

Am flynyddoedd bu'r Indiaid yn casglu halen o'r môr. Dyfarnodd y Prydeinwyr fod hynny'n anghyfreithlon. Hefyd roedd y **dreth uchel ar halen** yn ei wneud yn ddrud iawn. Gofynnodd Gandhi i'r Prydeinwyr gael gwared o'r ddeddf halen, ond chafodd e ddim ateb. Felly, ym Mawrth 1930, cychwynnodd gerdded tua'r môr yng nghwmni rhai o'i ddilynwyr. Roedd ganddo gynllun i wneud i Brydain wrando.

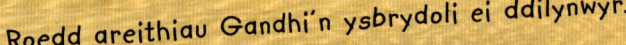

Roedd areithiau Gandhi'n ysbrydoli ei ddilynwyr.

Roedd dilynwyr Gandhi'n ei alw'n

### Hawlio halen
24 diwrnod yn ddiweddarach, cyrhaeddodd Gandhi a'i ddilynwyr y môr. Cododd Gandhi lwmpyn o halen – gan dorri'r gyfraith. Arestiwyd e a tua 60,000 o Indiaid eraill. **Gorymdaith Halen** oedd enw'r brotest.

Ymunodd miloedd o bobl â Gandhi ar ei ffordd i'r môr.

### Rhyddid o'r diwedd
Sbardunodd yr Orymdaith Halen ymgyrch dros annibyniaeth. Cafodd Gandhi ei ryddhau o garchar flwyddyn yn ddiweddarach, a daliodd ati i arwain **protestiadau heddychlon**. Ym mis Awst 1947, daeth India'n wlad rydd o'r diwedd.

'MAHATMA', sef 'ENAID MAWR'.

# Dros ferched Sbaen

Tynnodd **Clara Campoamor** sylw'r llywodraeth at hawliau merched ar adeg gythryblus y Rhyfel Cartref yn ei gwlad.

Brwydrau ar strydoedd Barcelona yn ystod Rhyfel Cartref Sbaen.

Clara Campoamor

## Gwella bywydau

Ganwyd Campoamor ym Madrid, Sbaen, yn 1888. Dim ond ychydig o fenywod oedd yn cael y cyfle i fynd i brifysgol bryd hynny, ond gweithiodd yn galed a graddio yn y gyfraith. Roedd hi'n benderfynol o wneud **y byd yn lle gwell** i fenywod.

Roedd Campoamor hefyd yn gyfieithydd nofelau Ffrangeg

## Mae'n bryd newid!

Daeth Campoamor yn Is-lywydd y Blaid Radicalaidd, ac arwain y frwydr am newidiadau. Mynnodd na ddylai pobl gael eu trin yn wahanol o achos eu rhyw, felly **dylai menywod gael hawl i bleidleisio yr un fath â dynion**. Gwnaeth areithiau ysbrydoledig, ac yn y diwedd, pasiodd llysoedd Sbaen ddeddfau newydd fyddai'n rhoi'r bleidlais i fenywod.

## Dylanwad mawr

Symudodd Campoamor i'r Ariannin ac yna i'r Swistir, lle ysgrifennodd ei hanes. Roedd hi wedi newid cwrs **hawliau menywod** yn Sbaen, gan roi mwy o ryddid a mwy o gyfleoedd i wragedd. Er iddi wynebu protestiadau, roedd wedi amddiffyn hawliau menywod a chreu hanes.

ac awdur BYWGRAFFIADAU am wahanol bobl.

# Peilot *arloesol*

**Amelia Earhart** oedd y fenyw gyntaf i hedfan awyren ar draws Cefnfor Iwerydd ar ei phen ei hun. Daeth yn enwog a chreu hanes.

### Merch fentrus

Ganwyd Amelia yn America, ac roedd hi'n **fentrus** o'r cychwyn cyntaf. Unwaith adeiladodd ramp ar ben sied y teulu, a 'hedfan' i lawr mewn bocs pren. Er iddi gael niwed, roedd wrth ei bodd.

Roedd Amelia yn llywydd clwb hedfan i fenywod ac ysgrifennodd lawer o erthyglau am hedfan.

### ✈ CLWB HEDFAN

Wrth i Amelia dyfu'n hŷn, tyfodd ei diddordeb mewn hedfan hefyd. Doedd dim llawer o fenywod yn hedfan ar y pryd. Daliodd ati, serch hynny.

Ym mis Ionawr 1935, torrodd Amelia record arall, pan hedfanodd

## Creu hanes

Yn 1927, roedd y peilot Charles Lindbergh wedi creu hanes drwy hedfan awyren ar draws Cefnfor Iwerydd. Flwyddyn yn ddiweddarach, hedfanodd Amelia ar draws y Cefnfor yng nghwmni dau beilot arall. Roedd yn brofiad gwych, ond breuddwydiai am wneud y gamp eto – **ar ei phen ei hun.**

## O'r diwedd!

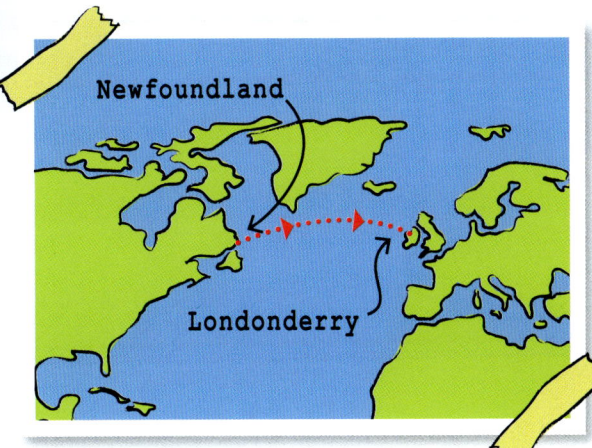

Daeth y cyfle yn 1932. Ar ôl cychwyn o'r Tir Newydd, Canada, brwydrodd Amelia yn erbyn problemau mecanyddol a storm ffyrnig o fellt a tharanau. Gorfod iddi lanio'n annisgwyl ger Londonderry, Gogledd Iwerddon, ond roedd hi wedi **gwireddu ei breuddwyd**. Roedd wedi hedfan dros yr Iwerydd ar ei phen ei hun!

Pan laniodd Amelia mewn cae, roedd y ffermwyr yn meddwl mai bachgen oedd hi. Doedden nhw ddim yn disgwyl gweld menyw yn hedfan awyren!

AR EI PHEN EI HUN o GALIFFORNIA i HAWAII.

# Astudio anifeiliaid

Mae'r wraig hon yn brwydro i amddiffyn yr amgylchedd. Hefyd, hi wnaeth yr astudiaeth hiraf erioed o anifail yn ei gynefin – sef y **tsimpansî**.

"Os na wnawn ni rywbeth i helpu'r anifeiliaid hyn, rydyn ni'n difetha'r holl syniad o gyfiawnder." – Jane Goodall

## Gwironi ar y gwyllt

Er i Jane Goodall gael ei geni yng nghanol prysurdeb Llundain yn 1934, roedd hi eisiau treulio'i hamser yn y gwyllt. Yn 26 oed, aeth i Barc Cenedlaethol Gombe yn Tanzania, Affrica, i **astudio tsimpansïaid**. Dyna gychwyn astudiaeth wyddonol a barhaodd am dros 50 mlynedd.

Parc Cenedlaethol Gombe

Tanzania

## Gwneud ffrindiau

Ymhen amser, daeth y tsimpansïaid i adnabod a derbyn Jane. Sylwodd fod gan bob un **bersonoliaeth** a theimladau **gwahanol**, yn union fel pobl. Gwyliodd nhw'n gofalu am ffrindiau, yn ymladd gelynion, a rhyfeddodd at eu gallu i wneud **offer** o gerrig a brigau.

Tsimpansî yn defnyddio gwelltyn i sugno dŵr.

## Cadwraeth y tsimpansî

Yn 1977, cychwynnodd hi Sefydliad Jane Goodall. Hyd heddiw, mae'r sefydliad yn astudio a gwarchod tsimpansïaid **yn y gwyllt**. Mae Jane wedi cyhoeddi llawer o lyfrau am ei gwaith, ac wedi ennill sawl gwobr am ei chyfraniad tuag at fywyd gwyllt a chadwraeth.

# Anelu am y sêr

Yn 1963, cyflawnodd **Valentina Tereshkova** gamp anhygoel. Hi oedd y wraig gyntaf i hedfan i'r gofod.

### Ar y blaen

Ganwyd Valentina yn Rwsia yn 1937. Ei diddordeb pennaf oedd neidio â pharasiwt, a dyna un rheswm pam y cafodd ei dewis i gymryd rhan yn **rhaglen ofod Rwsia**. O'r diwedd, ar ôl curo 400 o ymgeiswyr eraill, cafodd gyfle i fynd i'r gofod.

*Pan ewch chi i'r gofod, rydych chi'n gwerthfawro...*

### Taith ddirgel

Cyn mynd i'r gofod, bu Valentina'n ymarfer yn galed am chwech mis, gan brofi diffyg pwysau ac unigedd. Dywedodd wrth ei rhieni ei bod yn ymarfer ar gyfer cystadleuaeth neidio â pharasiwt!

## Taith Valentina

Ar 16 Mehefin 1963, lansiwyd Valentina i'r gofod – ar ei phen ei hun – yn Vostok 6. Hi oedd **y fenyw gyntaf** i hedfan i'r gofod, a theithiodd 48 gwaith o amgylch y Ddaear mewn ychydig llai na thri diwrnod.

*"... pa mor fach a bregus yw'r Ddaear." – Valentina Tereshkova*

Priododd Valentina ofodwr arall o Rwsia, Andrian Nikolayev. Eu merch, Elena, oedd y plentyn cyntaf a anwyd i ddau riant oedd wedi teithio i'r gofod!

## Trysor cenedlaethol

Am ei champ, cafodd Valentina'r teitl **Arwr yr Undeb Sofietaidd (Rwsia).** Aeth hi byth yn ôl i'r gofod, ond ysbrydolodd fenywod eraill i ddilyn yn ôl ei thraed.

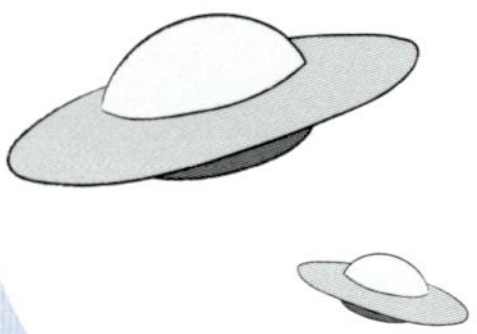

# Rhwyfwr rhyfeddol

Yn ôl John, gwelodd sos hedegog ar y ffordd!

Yn y flwyddyn y cerddodd dynion ar y Lleuad am y tro cyntaf, creodd y Prydeiniwr hwn hanes drwy fod y cyntaf i rwyfo **ar ei ben ei hun** ar draws cefnfor.

### Darllen a dilyn

Pan oedd **John Fairfax** yn fachgen ifanc, darllenodd lawer o straeon antur a dysgodd sgiliau goroesi yn y Sgowtiaid. Ar ôl darllen am ddau ddyn o Norwy yn **rhwyfo ar draws yr Iwerydd**, penderfynodd Fairfax fynd gam ymhellach a rhwyfo ar ei ben ei hun.

Ar y ffordd fe wnes i ffrindiau â dolffin, a'i alw'n Jerrycan.

Britannia

Cefnfor Iwerydd

## Gadael tir

Yn 1969, cychwynnodd Fairfax ar ei ben ei hun o **Ynysoedd Canarïa**, ger arfordir Affrica, mewn cwch o'r enw Britannia. Brwydrodd drwy stormydd chwyrn a siarcod awchus, a byw ar ychydig fwyd ac ambell bysgodyn. Ar ôl rhwyfo am dros **180 diwrnod**, cyrhaeddodd Fflorida, UDA.

John Fairfax

Sylvia Cook

## Cael cwmni

Ddwy flynedd yn ddiweddarach, penderfynodd Fairfax a'i gariad, Sylvia Cook, rwyfo ar draws y **Cefnfor Tawel**, y môr mwyaf yn y byd. Mae'r Cefnfor Tawel yn fwy o lawer na'r Iwerydd, ond ar ôl **363 diwrnod**, cyrhaeddon nhw ben eu taith a chreu hanes.

Cefnfor Tawel

Doedd y Cefnfor Tawel ddim yn dawel iawn! Cafodd Fairfax ei frathu gan siarc, a thrawyd y cwch gan seiclon!

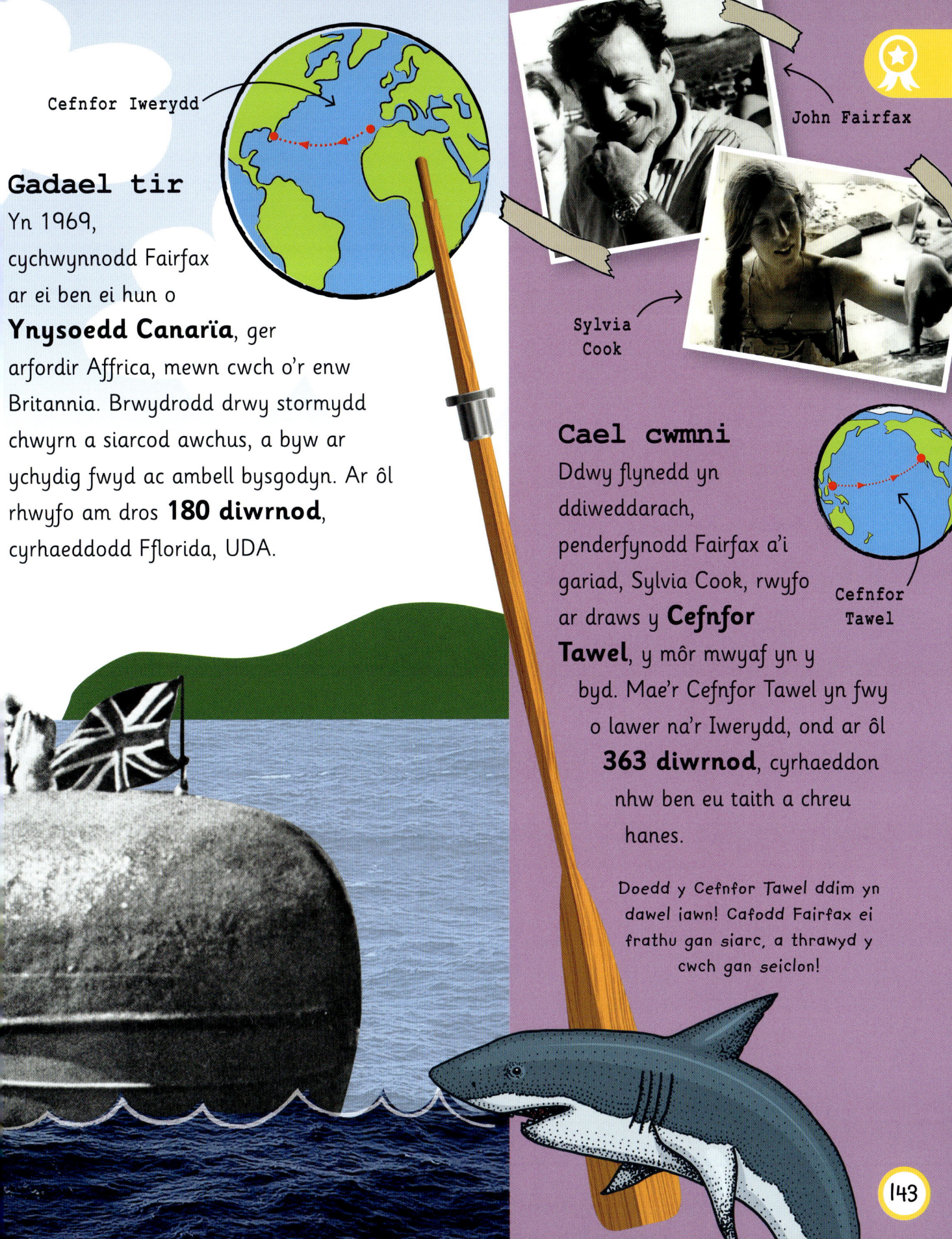

# Antur i un

Mae'r rhan fwyaf o anturiaethwyr yn hoffi cael cwmni wrth deithio, ond daeth yr anturiaethwr hwn yn enwog am wneud pob math o gampau **ar ei ben ei hun**, heb help tîm.

### Anturiaethau cynnar

Ganwyd **Naomi Uemura** yn Japan yn 1941. Roedd yn fachgen swil, heb hunanhyder. Er mwyn goresgyn hyn, cymerodd ran mewn athletau. Hoffai'n arbennig heicio drwy'r anialdir a dringo mynyddoedd.

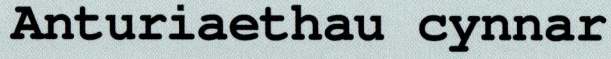

Cafodd Uemura fywyd rhyfeddol, llawn antur.

Treuliodd ddeufis yn teithio mewn rafft ar hyd **Afon Amazonas**.

Cerddodd drwy Japan **o un pen i'r llall** mewn 53 diwrnod.

## Dringo Denali

Aeth Uemura ar lawer o anturiaethau anodd ar ei ben ei hun. Ar ôl blynyddoedd o anturio, penderfynodd ar ei her fwyaf – dringo **Denali**, mynydd uchaf Gogledd America, yn y gaeaf.

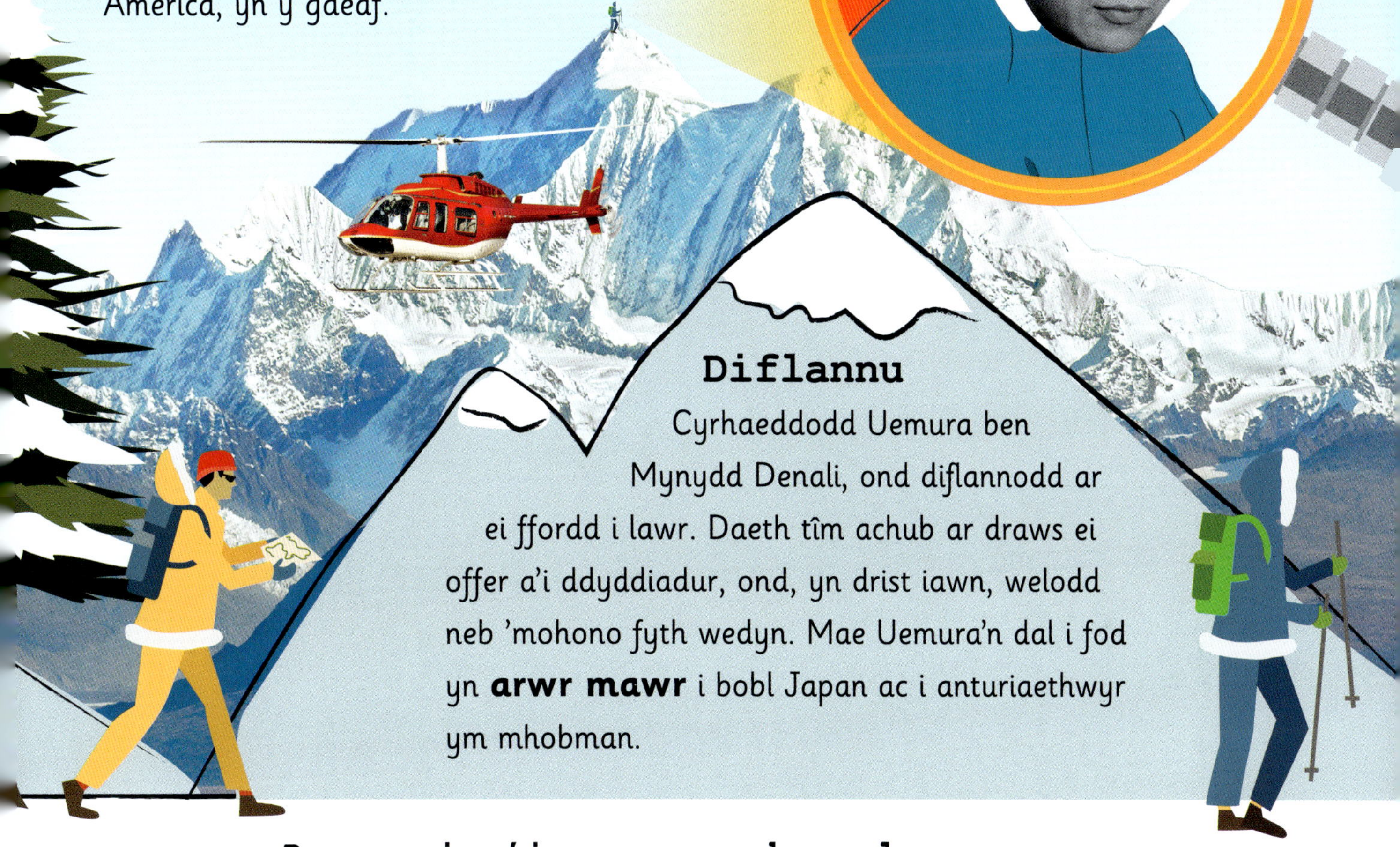

## Diflannu

Cyrhaeddodd Uemura ben Mynydd Denali, ond diflannodd ar ei ffordd i lawr. Daeth tîm achub ar draws ei offer a'i ddyddiadur, ond, yn drist iawn, welodd neb 'mohono fyth wedyn. Mae Uemura'n dal i fod yn **arwr mawr** i bobl Japan ac i anturiaethwyr ym mhobman.

### Dyma rai o'i gampau anhygoel:

Dringodd **Fynydd Kilimanjaro**, mynydd uchaf Affrica.

Fe oedd y **cyntaf** i gyrraedd Pegwn y Gogledd ar ei ben ei hun. Cymerodd 54 diwrnod i gyrraedd yno ar sled gŵn.

# Cyfaill y crocodeil

Doedd neb tebyg i'r cymeriad lliwgar hwn am **warchod** bywyd gwyllt. Roedd e'n caru'r amgylchfyd, ac yn dal crocodilod!

> Daliodd Irwin ei neidr wenwynig gyntaf, pan oedd yn chwech oed.

## Dal crocodilod

Ganwyd **Steve Irwin** yn Awstralia yn 1962, a chafodd ei fagu yng nghanol anifeiliaid. Roedd ei rieni'n gwarchod ymlusgiaid gwyllt, a byddai'n mynd gyda'i dad i Anialdir Awstralia i ddal crocodilod, nadroedd, a madfallod. Pan oedd Irwin yn ddyn ifanc, byddai'n achub crocodilod cyn i helwyr eu saethu.

Cath fôr ddu

"Does arna i ddim ofn colli fy mywyd. Os oes rhaid mynd i achub coala, crocodeil, cangarŵ neu neidr, mêt, fe wna i hynny." – Steve Irwin

## Ar y sgrin

Yn 1992, cafodd Irwin ei sioe ei hun ar y teledu – *The Crocodile Hunter* – ar ôl i gyfarwyddwyr weld fideos ohono wrth ei waith. Roedd pawb yn rhyfeddu at ei **ddewrder anhygoel** a'i gymeriad bywiog. Byddai 500 miliwn o bobl mewn dros 100 o wledydd yn gwylio'r sioe.

Cyfaddefodd Irwin ei fod yn ofni parotiaid, am eu bod wedi'i frathu sawl gwaith!

## Cefnogi cadwraeth

Gweithiai Irwin gydag anifeiliaid oedd **yn beryglus** ac yn aml **mewn perygl**. Yn drist iawn, yn 2006, cafodd ei ladd gan gath fôr ddu, ond mae ei wraig, Terri, a'i blant, Robert and Bindi, yn parhau â'i waith ym myd cadwraeth.

# Dysgu dal ati

*"Os wyt ti am oroesi, cofia'r ddau air yma – dal ati. Dyna sy'n bwysig. Gwna dy orau."*
– Bear Grylls

Rwyt ti'n pacio i fynd i ynys unig. Beth sy angen arnat ti? Llyfr da? Gobennydd esmwyth? Potel o ddŵr? Na, dim ond ... **Bear Grylls**!

## Ar ben y byd

Ganwyd yr anturiaethwr Prydeinig Bear Grylls yn 1974. Roedd e'n hoffi'r awyr iach, a dysgodd gan ei dad sut i ddringo, heicio a hwylio. Pan oedd yn ddyn, ymunodd â'r SAS ym Myddin Prydain, a pherffeithio'i **sgiliau goroesi**. Torrodd Grylls ei gefn wrth neidio â pharasiwt, ond gwellodd a dringo Everest yn 23 oed.

## Antur a mwy

Ar ôl dringo Everest, chwiliodd Grylls am anturiaethau eraill. Aeth ar draws Cefnfor Iwerydd mewn cwch pitw, bach a hedfan ar baragleidir wedi'i bweru dros Raeadr Angel, Venezuela. Hefyd, torrodd **record y byd** am y cinio ffurfiol uchaf erioed, pan fwytodd ginio tri chwrs mewn balŵn aer poeth, cyn awyr blymio yn ôl i'r Ddaear!

Ymunodd Grylls â'r Sgowtiaid pan yn fachgen, a daeth yn Brif Sgowt yn 2009.

Mae dros DDAU BILIWN O BOBL ar draws y byd wedi gwylio rhaglenni teledu Grylls.

## Tactegau goroesi

Mae Grylls wedi wynebu sawl sefyllfa eithafol. I geisio cadw'n oer dan haul poeth yr anialwch, pisodd ar ei grys a'i wisgo am ei ben! Hefyd mae wedi gorfod bwyta mwydod larfa mawr, baw ceirw a llygaid iac. Ych-a-fi!

Llygaid iac

Baw ceirw

Mwydod larfa mawr

Er bod Grylls wedi bwyta pethau ych-a-fi, y bwyd mae'n gasáu fwyaf yw sbrowts!

# Herio'r tonnau

**Laura Dekker** yw'r person ieuangaf erioed i hwylio o amgylch y byd ar ei phen ei hun. Dyna oedd ei breuddwyd, a daeth y freuddwyd yn wir!

Laura Dekker

### Codi hwyl

Dechreuodd Laura hwylio ar ei phen ei hun pan oedd yn 6 oed. Yn 13 oed, penderfynodd **hwylio o amgylch y byd**. Ond, barnodd awdurdodau'r Iseldiroedd ei bod yn rhy ifanc. Apeliodd Laura, ac yn 2010, yn 14 oed, hwyliodd o'r Caribî ar ei chwch, *Guppy*.

**Rhai o uchafbwyntiau Laura oedd cwrdd â**

## Helynt ar y môr

Wynebodd Laura sawl **her**. Aeth hwyliau Guppy'n sownd, a bu Laura bron â tharo'n erbyn llong gynwysyddion. Dioddefodd stormydd a thonnau enbyd. Ei hunig gwmni oedd y chwilod mawr du a'r morgrug oedd yn cripian dros y dec!

## Gweld tir

Ar ôl 518 diwrnod, cafodd Laura, a oedd erbyn hyn yn 16 oed, groeso mawr pan ddaeth yn ôl i'r Caribî – y person **ieuangaf** erioed i hwylio o amgylch y byd ar ei phen ei hun!

*Guppy*

Ar y fordaith, bu Laura'n ysgrifennu blog, ac yn gwneud ei gwaith cartref!

# PHENGWINIAID, DOLFFINIAID a MORFILOD!

# Adeiladwyr, pobl

# greadigol a meddylwyr

Mae sawl ffordd o anturio. Does dim rhaid dringo mynydd neu deithio i'r gofod. Mae rhai pobl wedi chwalu ffiniau drwy gael **syniadau mentrus** a gwahanol, a thrwy ddilyn eu llwybr eu hunain, yn lle dilyn pawb arall ...

# Stori sidan

Cyfrinach fwyaf yr **Hen China** oedd yr **edau moethus** oedd yn cael ei ddefnyddio i wneud dillad i'r llywodraethwyr a'r teulu brenhinol.

### Sidan esmwyth

Math o wyfyn o'r enw **pry sidan** sy'n cynhyrchu'r edau. Mae'r lindys yn lapio'i hun mewn **cocŵn** sidan ac yn aros ynddo nes troi'n wyfyn. Mae'n bosib gwneud defnydd esmwyth iawn o'r sidan hwn.

Gwyfyn pry sidan

Gwisg sidan

Lindys

Cocŵnau

## Cyfrinachol!

Yn ôl yr hanes, gwelodd yr **Ymerodres Leizu** edau sgleiniog y pry sidan yn ei choeden forwydden. O ganlyniad, dyfeisiodd **ffrâm wau** i greu sidan, a dyna gychwyn diwydiant newydd sbon. Ond cadwodd China'r gyfrinach am tua mil o flynyddoedd.

Bryd hynny, roedd cosb am ddatgelu cyfrinach y sidan neu am fynd â phryfed sidan i wledydd eraill.

Tua'r flwyddyn oc500, roedd sôn fod yr Ymerawdwr Iwstinian wedi talu mynachod i smyglo wyau'r pry sidan o China, er mwyn i'w ymerodraeth gael elwa. A dyna ddiwedd ar y gyfrinach!

## Y Ffordd Sidan

Roedd llywodraethwyr ar draws y byd eisiau cael gafael ar sidan, ond am gyfnod hir, China oedd yr **unig ffynhonnell**. Câi sidan ei gynhyrchu yno ac yna'i gludo ar hyd **ffordd fasnach**, a alwyd yn Ffordd Sidan.

Teithiai masnachwyr filoedd o filltiroedd ar hyd y Ffordd Sidan i nôl y defnydd moethus.

**Mae sidan yn dal i fod yn foethus a phoblogaidd.**

# Yr **athronydd** doeth a theg

Dros 2,500 o flynyddoedd yn ôl, cafodd dyn o China o'r enw **Conffiwsiws** syniadau mawr, sy'n dal i gael effaith ar ein byd.

*Bod yn garedig tuag at eraill*

## Dilyn ei lwybr ei hun

Ganwyd Conffiwsiws i deulu pwerus, yn 551cc. Dechreuodd weithio i'r llywodraeth, ond ar ôl datgan ei syniadau am beth oedd yn dda neu'n ddrwg, gwnaeth nifer o elynion. Penderfynodd adael ei swydd a dod yn **athro**.

**Mae athroniaeth Conffiwsiws yn cynnwys:**

- Parchu pobl hŷn a chi
- Bod yn gwrtais
- Bod yn deg ac yn foesol
- Peidio â bod yn farus
- Ufuddhau i'r llywodraeth

## Teg a moesol

Agorodd Conffiwsiws ysgol yn ei dref enedigol, a chyn hir roedd yn dysgu miloedd o ddisgyblion. Yn wahanol i'r rhan fwyaf o ysgolion eraill, roedd ei ysgol yn agored i **bawb** – y tlawd a'r cyfoethog. Datblygodd a dysgodd ei athroniaeth ei hun, sef rheolau am y ffordd iawn i fyw.

## Dyn doeth

Roedd dysgeidiaeth Conffiwsiws yn seiliedig ar **y gwir**, **tegwch** a **pherthynas dda** rhwng pobl a'i gilydd. Er nad oedd ei syniadau'n boblogaidd ar unwaith, yn ddiweddarach gwnaeth ymerodrwyr China eu mabwysiadu a dilyn eu canllawiau ar sut i reoli'n dda a gosod esiampl i'w dilynwyr.

*Cofnodwyd dysgeidiaeth a geiriau Conffiwsiws mewn llyfr o'r enw Yr Analectau sy'n dal yn boblogaidd heddiw.*

Teml Gonffiwsaidd

# Cofeb drwy'r canrifoedd

Eglwys gadeiriol oedd **Hagia Sophia**, pan adeiladwyd hi yn Constantinople (Istanbul, Twrci, erbyn hyn) rhwng 532 a 537. Ers hynny, bu sawl newid yn ei hanes …

"Dylai hon fod yn gofeb i'r holl

Am 1,000 o flynyddoedd roedd Hagia Sophia yn ganolfan **Eglwys Uniongred y Dwyrain**. Roedd yn fan addoli a byddai seremonïau pwysig, fel seremonïau coroni, yn cael eu cynnal yno.

Yn 1453, concrwyd Constantinople gan y Swltan Mehmed II, a daeth Hagia Sophia yn **fosg Islamaidd** yn lle eglwys. Symudwyd yr allor a'r gloch, a chuddiwyd y llawr mosäig a'i luniau Cristnogol.

Mae Hagia Sophia yn 1,400 MLWYDD OED.

## Newid byd

Mae'r adeilad eiconig hwn yn dangos sut mae cymdeithas wedi newid dros gannoedd o flynyddoedd. Ar ôl bod yn egwys gadeiriol, cafodd ei throi'n fosg, ac erbyn hyn mae'n amgueddfa.

Yn 1934, penderfynodd Kemal Atatürk, arlywydd cyntaf Gweriniaeth Twrci, wahardd cynnal cyfarfodydd crefyddol yn Hagia Sophia.

"...wareiddiad". - Kemal Atatürk

Bu Hagia Sophia yn fosg am bron 500 mlynedd. Ers hynny mae wedi bod yn amgueddfa. Mae'r amgueddfa'n adlewyrchu'r **newid yn hanes** yr adeilad, gan gyfuno elfennau o gelf ac addurniadau Cristnogol ac Islamaidd.

Kemal Atatürk

# Mesur y Ddaear

Wyt ti erioed wedi dyfalu pa mor fawr yw'r Ddaear? Neu sut mae darganfod yr ateb? Dros 2,000 o flynyddoedd yn ôl, penderfynodd **mathemategwr** clyfar o Wlad Groeg fynd ati i ddatrys y broblem.

Haul

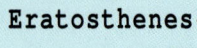
Eratosthenes

### Adlewyrchu pelydrau

Un diwrnod yn Syene, yr Aifft, edrychodd y mathemategwr **Eratosthenes** i mewn i ffynnon a sylwi bod pelydrau'r haul yn cael eu hadlewyrchu gan y dŵr ac yn sboncio'n syth allan. Roedd hynny'n golygu fod yr haul yn union uwchben, ond sylweddolodd mai dim ond **unwaith y flwyddyn** fyddai hynny'n digwydd, sef ar ddydd Canol Haf.

## Onglau od

Flwyddyn yn ddiweddarach, ar Ddydd Canol Haf, yn Alexandria, 800 km (500 milltir) o Syene, sylwodd Eratosthenes nad oedd pelydrau'r haul yn disgyn yn syth i lawr – roedden nhw'n disgyn ar **ychydig o ongl**. Defnyddiodd uchder piler a hyd ei gysgod i brofi mai 7.2° oedd yr ongl.

## Symiau clyfar

Mae'r Ddaear yn grwn, ac mae 360° mewn cylch. Os wyt ti'n rhannu 360 â 7.2, yr ateb yw 50. Felly lluosodd Eratosthenes y pellter rhwng Syene ac Alexandria â 50. Yr ateb mewn milltiroedd oedd **25,000** (500 x 50).

Gwyddon ni'n awr mai tua 40,075km (24,901 milltir) yw'r pellter o amgylch y Ddaear. Roedd Eratosthenes yn agos iawn!

Eratosthenes oedd y person cyntaf i amcangyfrif maint y Ddaear – camp ryfeddol ar adeg pan oedd llawer o bobl yn meddwl fod y byd yn fflat!

# **Dinas** gudd

Ar ddamwain, darganfuwyd dinas ddirgel ym mynyddoedd Periw. Roedd hi wedi bod **yn gyfrinach** ers blynyddoedd maith.

## Digon o ryfeddod

Ers canrifoedd, roedd dinas ar goll yn y cymylau ar Fynyddoedd yr Andes. Un diwrnod soniodd ffermwr lleol wrth **Hiram Bingham**, hanesydd o America, am yr hen adfeilion rhwng y creigiau uchel. Yn 1911, darganfu Bingham olion **Machu Picchu**, dinas yr Incas.

Hiram Bingham

Mae gan Machu Picchu dros 150 adeilad a 100 rhes o risiau!

★ ★ ★ ★ ★ ★ ★

# Yn dilyn pleidlais yn 2007, mae MACHU PICCHU'n un o SAITH RHYFEDDOD NEWYDD Y BYD.

## Hen ymerodraeth

Periw oedd canolfan Ymerodraeth yr Incas, a ymestynnai ar hyd arfordir gorllewinol De America. Yn yr 1400au, llwyth bach o Indiaid America oedd yr Incas, ond o dipyn i beth, cynyddon nhw i dros 10 miliwn. Ar ôl dioddef rhyfel cartref ac afiechydon, daeth yr Ymerodraeth i ben yn 1532, pan gyrhaeddodd Francisco Pizarro, concwerwr o Sbaen, a dwyn eu cyfoeth.

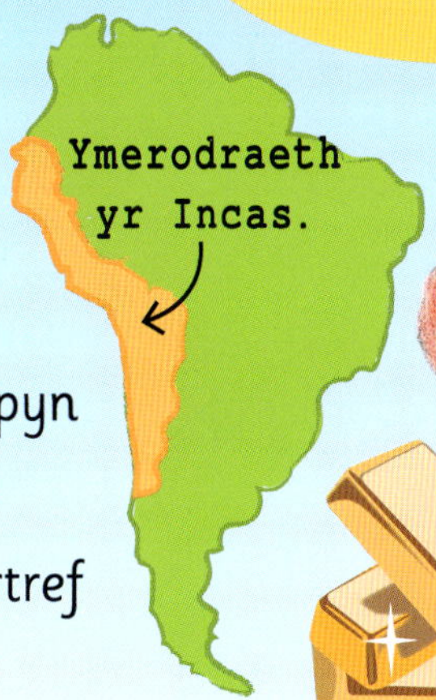

Anrhegion i'r teulu gartref.

Ymerodraeth yr Incas.

Francisco Pizarro

## Picchu poblogaidd

Ysgrifennodd Hiram lyfr poblogaidd o'r enw *The Lost City of the Incas*. Ynddo roedd manylion rhyfeddol am Machu Picchu. Yn 1983, daeth Machu Picchu yn un o safleodd Treftadaeth y Byd UNESCO gan ddenu tua 1,000,000 o dwristiaid bob blwyddyn!

Peintiodd Michelangelo luniau 343 o bobl ar y nenfwd.

Doedd Michelangelo ddim yn gorwedd ar ei gefn i beintio, fel mae rhai'n credu. Safai ar ei draed, er bod hynny'n lletchwith ac yn boenus!

Mae'r rhan o'r nenfwd, a elwir 'Creu Adda', yn un o'r gweithiau celf enwocaf yn y byd.

## Lladdfa!

Treuliodd Michelangelo **bedair blynedd** yn peintio'r nenfwd 20m (65tr) o uchder, wrth sefyll ar sgaffaldiau. Roedd yn werth yr ymdrech. Dyma un o'r gweithiau celf mwyaf enwog a thrawiadol erioed. Mae cymaint â 25,000 o bobl yn mynd i'w weld bob dydd!

164

# Campwaith Michelangelo

Mae'r gwaith celf ar nenfwd y Capel Sistinaidd yn Rhufain yn **ddigon o ryfeddod**. Treuliodd un dyn anhygoel bedair blynedd yn gweithio'n galed i'w gwblhau.

## Yr ardderchog Michelangelo

Ganwyd Michelangelo yn yr Eidal yn 1475. Roedd yn arlunydd, cerflunydd, pensaer a bardd. Cysegrodd ei fywyd i'w **gelf**, a chreu gampweithiau ar gyfer llawer o bobl bwysig a phwerus.

## Arlunydd anfodlon

Roedd y Pab eisiau i Michelangelo beintio golygfa wych ar **nenfwd** y Capel Sistinaidd. Gwrthododd Michelangelo ar y dechrau, am fod yn well ganddo gerflunio na pheintio. Ond yn 1508 cytunodd, a dechrau ar y gwaith.

# Cawr cerddorol

Cyfansoddodd yr athrylith hwn rai o'r darnau cerddoriaeth gorau erioed – er iddo golli **ei glyw**.

*"I fi, mae miwsig yn haws na geiriau."*
– Ludwig van Beethoven

## Cerddor dawnus

Ganwyd **Ludwig van Beethoven** yn yr Almaen yn 1770. Roedd yn perthyn i deulu cerddorol, a daeth yn bianydd gwych. Doedd e ddim yn hoffi'r ysgol, felly gadawodd yn 10 oed a mynd ati i astudio cerddoriaeth.

## Cyfansoddwr campus

Cyn cyrraedd 30 oed, roedd Beethoven yn gyfansoddwr llwyddiannus iawn, ac yn un o'r cerddorion enwocaf a phwysicaf yn y byd. Ond roedd rhywbeth o'i le – dechreuodd glywed **hymian** yn ei glustiau.

Roedd cynulleidfaoedd yn gwirioni ar ei gyfansoddiadau gwych, fel Sonata'r Lloergan.

## Colli clyw

Doedd neb yn sylweddoli bod Beethoven yn colli ei glyw. Erbyn ei fod yn 46 oed, roedd yn **hollol fyddar**. Ond daliodd ati i gyfansoddi darnau rhyfeddol. Roedd yn gallu cofio sŵn y miwsig, am ei fod mor gerddorol!

Pan ddechreuodd Beethoven golli ei glyw, defnyddiai drwmped clust arbennig.

I gadw'n effro, arferai Beethoven blymio'i ben i mewn i ddŵr oer. Mae'n bosib mai dyna achosodd iddo golli ei glyw, ond does neb yn siŵr.

# Amser Stori

Yn gynnar yn yr 1800au, lluniodd dau frawd y casgliad cyntaf o **storïau tylwyth teg**, gan newid y ffordd o rannu storïau.

## Un tro

Ers canrifoedd, mae pobl wedi mwynhau rhannu chwedlau. Yn draddodiadol, byddai'r chwedlau'n cael eu hadrodd, yn hytrach na'u hysgrifennu. Ond aeth dau frawd o'r Almaen, Jacob a Wilhelm Grimm, ati i greu **casgliad** o storïau er mwyn i oedolion allu eu hastudio.

## Storïau clasurol

Yn ddiweddarach, addason nhw'r storïau ar gyfer plant. Yn 1812 cyhoeddwyd eu llyfr cyntaf. Ynddo roedd 86 stori gan gynnwys *Eira Wen*, *Hansel a Gretel*, *Rapynsel*, *Rympelstiltsgin* a *Hugan Fach Goch*. Enw'r casgliad erbyn hyn yw **Storïau Tylwyth Teg Grimm**, ac mae plant ledled y byd yn dal i ddarllen llawer o'r storïau!

Erbyn 1857, roedd nifer y storïau yn y llyfr wedi cynyddu i 211!

Storïau Tylwyth Teg Grimm

Wilhelm Grimm

Jacob Grimm

Llun lliw o'r Dywysoges Hir ei Chwsg a ymddangosodd yn fersiwn 1865 o'r llyfr.

Yn sgil llyfr Grimm, aeth pobl mewn gwledydd eraill ati i greu storïau tylwyth teg. Yn 1835, cyhoeddwyd *Storïau Tylwyth Teg i Blant*, gan Hans Christian Andersen o Ddenmarc.

Hans Christian Andersen

169

# Hanes y **stori iasoer**

Mary Shelley

Fel arfer, mae mynyddoedd tân yn creu gwres. Ond yn rhyfedd iawn, achosodd ffrwydrad Mynydd Tambora oerfel enbyd. Yn rhyfeddach fyth, digon posib ei fod yn gyfrifol am un o'r **llyfrau enwocaf erioed**.

Yn 1815, ffrwydrodd Mynydd Tambora yn Indonesia. Cododd y llwch, gan guddio'r haul ac oeri'r blaned. Roedd yr effaith mor ddramatig nes i'r flwyddyn ganlynol gael ei galw'n **flwyddyn heb haf**.

Yn ystod yr haf hwnnw aeth yr awdures **Mary Shelley** a'i ffrindiau ar drip i Lyn Genefa yn y Swistir. Roedd y tywydd mor ddrwg, fedren nhw ddim mynd allan. Roedden nhw'n diflasu!

# Ysbrydoli eraill

Er ei bod yn ddall ac yn fyddar, daeth **Helen Keller** yn enwog iawn ac yn ysbrydoliaeth i bawb.

Anne Sullivan

Helen Keller

## Athrawes arbennig

Ganwyd Helen yn UDA yn 1880. Pan oedd yn 19 mis oed, collodd ei golwg a'i chlyw oherwydd salwch. Dysgodd sut i gyfathrebu drwy ddefnyddio **iaith arwyddion** a greodd ei hun. Byddai'n ymarfer sillafu â'i bysedd gyda'i hathrawes, **Anne Sullivan**.

Roedd Anne yn arllwys dŵr dros law Helen, ac yna'n sillafu w-a-t-e-r ar ei bysedd.

## Cydweithio clòs

Bu Helen ac Anne yn cydweithio am 49 mlynedd! Dysgodd Helen sut i siarad drwy gyffwrdd ag wyneb Anne a theimlo sut oedd ei hwyneb yn crynu wrth ddweud gair. Cyn hir, roedd Helen yn **siarad yn gyhoeddus**, ac yn helpu pobl eraill oedd yn fyddar neu'n ddall ar ei theithiau i 35 o wledydd ledled y byd.

Roedd Alexander Graham Bell, dyfeisiwr y teleffon, yn helpu i ddysgu plant byddar, ac roedd e a Helen yn ffrindiau.

Dysgodd Helen sut i ddarllen *braille*, sef system o ddotiau sy'n cynrychioli llythrennau. Mae pobl ddall yn dal i ddefnyddio *braille*.

Braille

# Pontio'r afon

Roedd y gwaith o adeiladu **Pont Brooklyn** yn Efrog Newydd UDA, ar ei hanner, pan aeth Washington Roebling, y prif beiriannydd, yn sâl. Pwy fyddai'n gorffen y gwaith?

### Emily yn cynnig help

Er syndod i bawb, pwy ddaeth i'r adwy ond **Emily Roebling**, gwraig Washington. Doedd Emily erioed wedi hyfforddi fel peiriannydd, ac yn yr 1800au diweddar, ychydig iawn o fenywod fyddai'n gwneud y fath waith. Doedd rhai ddim yn disgwyl iddi lwyddo.

John Roebling

Washington Augustus Roebling

### Cyn Emily

Nid Augustus oedd y cyntaf i orfod rhoi'r gorau i'r gwaith. Pan oedd ei dad yn brif beiriannydd, disgynnodd pwysau trwm ar ei droed a bu farw o'r sgileffeithiau. Drwy lwc roedd Emily yn gyfarwydd â gwaith ei gŵr, ac yn wraig glyfar, medrus a phenderfynol.

**Cymerodd 14 mlynedd i adeiladu Pont Brooklyn.**

# Llwyddiant

Roedd y gwaith o adeiladu'r bont yn drwm ac yn anodd. Daeth i ben o'r diwedd ar 24 Mai 1883. Agorwyd y bont gan yr Arlywydd Chester Arthur, ac Emily oedd y person cyntaf i'w chroesi. Roedd yn **arwr cenedlaethol**. Nid yn unig roedd hi wedi helpu i orffen y bont, ond roedd hefyd wedi hyrwyddo cydraddoldeb rhyw.

Emily Roebling

Mae Pont Brooklyn, Efrog Newydd, yn un o gampweithiau peirianyddol yr oes fodern.

# Rhodd o **ryddid**

Beth yw'r anrheg fwyaf alli di ddychmygu? Ydy hi mor fawr â'r **Cerflun Rhyddid**? Dyna'r anrheg enfawr roddodd Ffrainc i UDA yn 1886!!

Gustave Eiffel

Frédéric-Auguste Bartholdi

### Boneddiges Rhyddid

Rhoddodd Ffrainc y cerflun i UDA i ddathlu eu cyfeillgarwch. Cafodd ei gynllunio gan y cerflunydd **Frédéric-Auguste Bartholdi**, a **Gustave Eiffel**, crëwr Tŵr Eiffel, adeiladodd y ffrâm.

## Cawr o gerflun

Adeiladwyd y cerflun yn Ffrainc a'i gludo dros y môr **mewn nifer o ddarnau**. Yn 1886, rhoddwyd y darnau at ei gilydd ar Ynys Rhyddid yn harbwr Efrog Newydd. Roedd yn 93m (305tr) o daldra. Ar y pryd dyna'r adeiladwaith haearn talaf yn y byd.

Mae'r ffagl yn ei llaw yn goleuo'r ffordd i ryddid.

Heddiw, gall twristiaid fynd ar fferi i Ynys Rhyddid.

Mae'r cerflun yn seiliedig ar Libertas, duwies rhyddid y Rhufeiniaid.

Cerflun brown sgleiniog oedd e'n wreiddiol, ond nawr mae'n wyrdd, ar ôl i'w haenen gopr adweithio'n gemegol.

Yn wynebu'r de-ddwyrain, mae'r cerflun yn croesawu llongau i harbwr Efrog Newydd.

Y Cerflun Rhyddid oedd y peth cyntaf fyddai miliynau o fewnfudwyr yn ei weld wrth gyrraedd UDA.

# Straeon antur

Taniodd y Ffrancwr, Jules Verne, ddychymyg miliynau o ddarllenwyr drwy eu cipio i waelod y môr ac ymhellach fyth …

Jules Verne

### Storïau syfrdanol

Ganwyd Jules yn 1828, ym mhorthladd Nantes yn Ffrainc. Roedd yn gyfarwydd ag **antur**, am fod llongau'n hwylio o Nantes i bellafoedd byd. Byddai ei athrawes yn sôn am ei gŵr, oedd yn llongwr. Roedd hi'n meddwl bod ei long wedi suddo, ond yn gobeithio y byddai'n dod 'nôl rhyw ddydd.

## Storïau cyffrous

Yn 1863, ar ôl ysgrifennu dramâu, gofynnwyd i Jules ysgrifennu stori gyffrous ac addysgol ar gyfer cylchgrawn taith. Ysgrifennodd stori o'r enw *Pum Wythnos mewn Balŵn*, sef hanes tri anturiaethwr yn Affrica. Dyna'r llyfr cyntaf mewn cyfres o'r enw *Teithiau Rhyfeddol*.

> Treuliai Jules oriau yn y llyfrgell yn ymchwilio ac yn dysgu am y byd.

Yuri Gagarin

## Dianc i'r dychymyg

Roedd llyfrau Jules yn boblogaidd iawn. Roedd darllenwyr yn hoffi cael eu dwyn i lefydd dieithr. Ei stori fwyaf poblogaidd oedd *Rownd y Byd mewn 80 Diwrnod*, sy'n sôn am ddyn yn teithio o amgylch y byd.

## Ysbrydoli Yuri

Mae storïau Jules yn dal yn boblogaidd, a chafodd nifer eu troi'n ffilmiau a dramâu. Mae sawl anturiaethwr enwog, gan gynnwys y gofodwr Yuri Gagarin, wedi dweud mai Jules **ysbrydolodd** nhw i fynd ar antur.

# Archwilio Gorllewin Affrica

Roedd yr anturiaethwraig o Brydain, **Mary Kingsley**, yn hoffi astudio pobl, diwylliant, ac anifeiliaid. Yn 1893, paciodd ei bagiau a mynd ar ei phen ei hun i wledydd anghyfarwydd Gorllewin Affrica.

## Mentro ymhell

Ar y pryd, roedd Prydain yn rheoli sawl gwlad yn Affrica, ond doedd neb yn gwybod llawer am y bobl oedd yn byw yno. Roedden nhw'n dychmygu bod Affrica'n llawn afiechydon a phobl ryfedd, ac yn disgrifio Gorllewin Affrica fel **'y lle mwyaf marwol ar y Ddaear'**. Ond chymerodd Mary ddim sylw ac aeth yno beth bynnag.

Teithiai Mary'n aml mewn canŵ ar hyd afonydd, er mwyn gallu ymweld â mwy o lefydd ac astudio un o'i hoff bethau – pysgod!

Ar ei thaith gyntaf cwrddodd Mary â Brenin Calabar, Nigeria.

## Menyw annibynnol

Doedd bron neb o Ewrop – yn enwedig menywod – wedi byw ymysg Affricaniaid. Er bod rhai'n ei beirniadu, wnaeth hynny **ddim gwahaniaeth** i Mary. Ymwelodd â llwythau, byw ymysg y bobl leol, a dysgu am eu diwylliant. Hefyd chwiliodd am anifeiliaid newydd.

Mynnai Mary wisgo blowsen a sgert laes, neu ffrog – yn union fel pe bai hi ym Mhrydain.

## Dweud y gwir

Teithiodd Mary ddwywaith i Affrica, a chofnodi'r hanes mewn dau lyfr poblogaidd iawn. Mynnodd nad oedd Affrica'n lle brawychus a dangosodd i'r Ewropeaid fod Affricaniaid **yr un fath â nhw** – pobl â diwylliant cyfoethog na ddylai neb ei ddifetha.

# Campwaith anorffenedig

Yn 1882, dechreuwyd adeiladu eglwys ryfeddol y **Sagrada Familia** yn Barcelona, Sbaen. Ond fydd y gwaith ddim ar ben tan 2026!

## Pensaer uchelgeisiol

Antoni Gaudi oedd y pensaer. Treuliodd dros 40 mlynedd yn perffeithio'i **gynlluniau cymhleth** ar gyfer y Sagrada Familia. Ond roedd y cynlluniau mor uchelgeisiol, fyddai e ddim byw i weld yr eglwys orffenedig.

Doedd Gaudi ddim yn defnyddio llawer o linellau syth, ond yn dilyn siapiau o fyd natur. Dyna un rheswm pam mae'r cynllun mor gymhleth.

**Bydd yn cymryd 144 mlynedd i adeiladu'r Sagrada Familia.**

## Dan fygythiad

Mae'r byd wedi newid cryn dipyn ers i adeiladwyr ddechrau codi'r Sagrada Familia. Mae rhyfel, afiechyd, protestiadau a phrinder arian wedi rhwystro'r gwaith. Yn ystod Rhyfel Cartref Sbaen yn 1936, cafodd cynlluniau Gaudi eu difa gan dân. Ond er gwaetha'r rhwystrau, mae penseiri newydd yn **parhau â'i waith**.

## Tynnu at y terfyn

Mae **4.5 miliwn** o bobl yn ymweld bob blwyddyn, ac mae'r pris mynediad, ynghyd â rhoddion gan y cyhoedd, yn talu am y gwaith. Dylai'r adeilad hardd hwn fod yn barod erbyn 2026 – 100 mlynedd union ar ôl marwolaeth Gaudi.

**Adeiladwyd y Pyramid Mawr mewn 20!**

# Antur **danfor**

Ganwyd **Jacques Cousteau** yn Ffrainc yn 1910. Datblygodd ddiddordeb brwd yn y byd o dan y môr. Roedd rhan helaeth o'r byd hwnnw'n ddirgelwch i bawb nes i Jacques ddechrau'i archwilio.

Aqua-Lung

Jacques Cousteau

### Dyfais danfor

Yn yr 1900au cynnar, doedd dim llawer o dechnoleg i helpu pobl i archwilio'r **moroedd**. Felly, yn 1943, dyfeisiodd Jacques Cousteau a'i ffrind, y peiriannydd Émile Gagnan, declyn oedd yn caniatáu i ddeifwyr anadlu dan y dŵr. Tanc yn llawn o aer cywasgedig oedd hwnnw, sef yr **Aqua-lung**.

Credai Jacques y gallai pobl fyw a gweithio yn y môr. Yn 1962 adeiladodd ei dîm y llety tanddwr cyntaf, ac arhosodd dau berson yno am wythnos!

"Helpodd Jacques i greu'r cerbyd cyntaf ar gyfer archwilio'r môr, sef y soser ddeifio."

## Archwilio'r môr

Gwnaeth Jacques lawer o **ymchwil gwyddonol**, yn aml ar fwrdd ei long enwog *Calypso*. Suddodd *Calypso* yn 1996 ar ôl cael ei tharo gan gwch mawr, ond tynnwyd hi o'r môr a'i thrwsio.

← Soser ddeifio

## Rhannu'r rhyfeddod

Drwy gyfrwng llyfrau a ffilmiau a ffotograffau, rhannodd Jacques ei gariad at y môr â phawb drwy'r byd. Roedd ei ffilmiau dogfen ar y teledu yn boblogaidd iawn, gan ysbrydoli miliynau o bobl i **ofalu** am gynefinoedd o dan y dŵr.

# Does unman yn debyg i gartref

Gadawodd y bardd a'r awdur llwyddiannus hwn ei gartref gwledig a mynd **i deithio** dramor, nes sylweddoli nad oedd unman yn debyg i gartref.

Laurie Lee

## Byw yn y wlad

Ganwyd **Laurence Lee** – neu Laurie fel roedd pawb yn ei alw – yn 1914. Roedd yn byw gyda'i fam a chwech o frodyr a chwiorydd mewn pentref gwledig yn Lloegr. Roedd y plant wrth eu boddau'n crwydro'r coed ger eu cartref.

"Cyn i fi adael y dyffryn, ro'n i'n meddwl bod pobman yn debyg iddo. Yna es i i ffwrdd am 40 mlynedd, a phan ddes i'n ôl sylweddolais nad oedd unman yn debyg iddo."
– Laurie Lee

## Gadael y nyth

Un bore yn 1934, gadawodd Lee ei gartref gwledig a cherdded i Lundain. Ond cyn hir roedd e eisiau symud eto a **gweld mwy o'r byd**. Aeth ar gwch i Sbaen, a threulio 4 blynedd yn cerdded o le i le, gan ennill ychydig arian drwy chwarae'r ffidil. Mwynhaodd y profiad ond teimlai'n hiraethus hefyd.

## Teg edrych tuag adref

Pan gychwynnodd Rhyfel Cartref Sbaen, ymladdodd Lee dros ryddid yn Sbaen, ond ble bynnag y byddai'n mynd, roedd e'n dal i hiraethu am ei **hen gartref**. Yn yr 1960au, aeth adref a threulio gweddill ei fywyd yn ysgrifennu llyfrau a barddoniaeth.

# Peintiwr pop

Daeth yr Americanwr hwn yn enwog am greu **campweithiau** ar gyfer pobl gyffredin.

"Bydd pawb yn enwog am 15 munud."
– Andy Warhol

### Arlunydd arloesol

Tyfodd **Andy Warhol** i fyny yn UDA yn ystod yr 1930au. Aeth i astudio celf, a chael blas ar wahanol gyfryngau, gan gynnwys peintio a ffotograffiaeth. Er i'w waith gael ei arddangos mewn orielau, roedd yn benderfynol o drawsnewid y byd celf, a chreu **math o arlunwaith newydd sbon**.

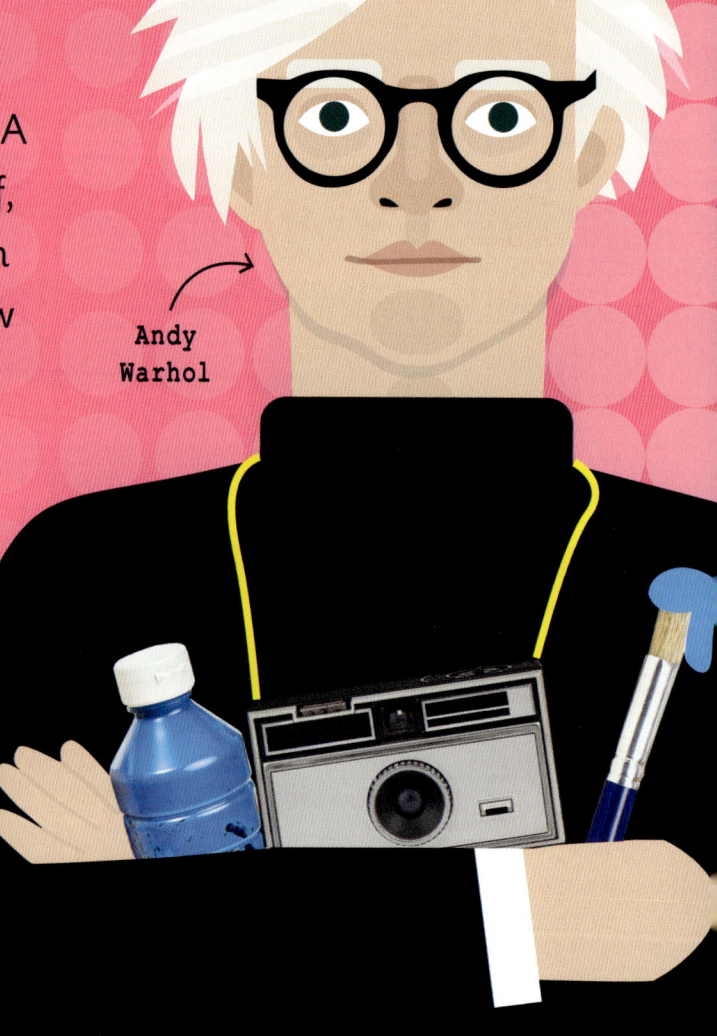

Andy Warhol

Roedd Warhol eisiau creu gwaith deniadol y gallai pawb ei fforddio.

## Cyfoeth o luniau

Erbyn yr 1960au, roedd Warhol wedi sefydlu stiwdio o'r enw Y Ffatri yn Efrog Newydd, ac roedd llawer o bobl greadigol yn cwrdd yno. Roedd yn rhan o fudiad newydd – **y gelfyddyd bop** – sef arlunwyr oedd wedi cefnu ar draddodiadau'r gelfyddyd gain ac yn tynnu lluniau o bethau cyffredin a phobl enwog. Warhol oedd yr enwocaf ohonyn nhw.

Byddai Warhol yn ailadrodd yr un llun.

Tynnai Warhol luniau o bethau cyffredin fel tun o sŵp.

## Celf i bawb

Heddiw, mae gwaith Warhol yn adnabyddus iawn. Tynnodd gyfresi o luniau o sêr y ffilmiau a cherddorion enwog, gan ychwanegu gwahanol liwiau **llachar** ac effeithiau ffotograffig. Gan ei fod yn defnyddio technegau argraffu syml, gallai unrhyw un fforddio prynu ei waith. Mae'r gelfyddyd bop yn dal yn boblogaidd.

Drwy ddefnyddio techneg sgrin sidan i roi llun ar gynfas, gallai Warhol wneud sawl copi yn gyflym iawn.

# Dyn yn erbyn **peiriant**

Gêm rhwng dyn clyfar dros ben a deallusrwydd artiffisial clyfar dros ben – pwy fydd yn **ennill**?

"Mae un endid na ellir ei guro, sef Deallusrwydd Artiffisial."
– Lee Sedol

### Y Go-rau!

Ganwyd Lee Sedol yn Ne Korea yn 1983, a dechreuodd chwarae'r gêm fwrdd **Go**, pan oedd yn blentyn. Daeth yn chwaraewr proffesiynol, gan ennill pencampwriaeth y byd 18 gwaith. Roedd miloedd o bobl yn edmygu ei sgiliau a'i greadigrwydd.

**Y wobr i'r enillydd oedd $1 MILIWN.**

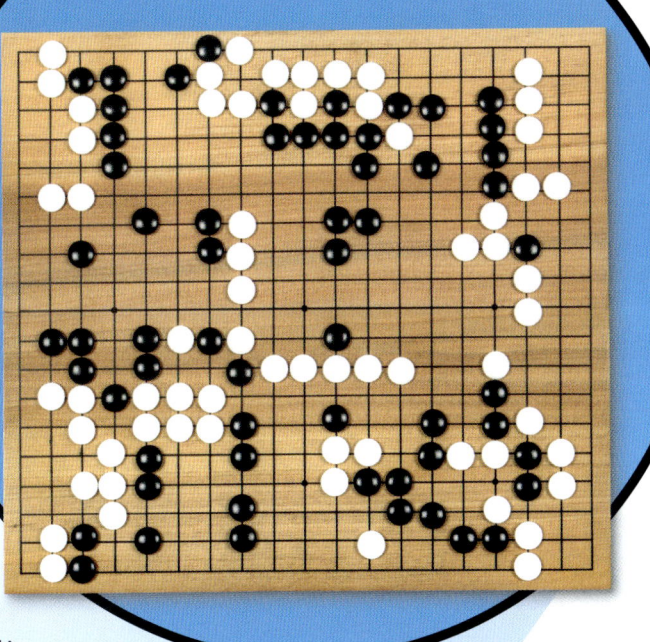

Hen gêm o China yw Go. Er mwyn ennill a chipio darnau, rhaid i chwaraewyr ddefnyddio strategaeth a meddwl yn greadigol.

## Cystadleuaeth gref

Roedd cwmni technoleg Google wedi datblygu rhaglen gyfrifiadurol AI (**Deallusrwydd Artiffisial**) o'r enw AlphaGo, ac roedden nhw eisiau rhoi prawf arni. Gwahoddon nhw chwaraewyr gorau'r byd i gystadlu yn ei herbyn. Ar ôl i AlphaGo guro pencampwr Ewrop, roedd hi'n bryd wynebu meistr y byd. Roedd Lee Sedol yn disgwyl ennill yn hawdd, ond roedd pwysau mawr arno ...

## Enillydd teilwng

Er i Sedol wneud ei orau, AlphaGo enillodd. Mae'r rhaglen wedi chwarae yn erbyn ei hun dro ar ôl tro, ac mae'n **dysgu drwy'r amser**. Yn wahanol i Sedol, gall ddal ati heb orffwys. Collodd Sedol y tair gêm gyntaf, ond llwyddodd i ennill y bedwaredd. 4-1 oedd y sgôr terfynol.

Llysenw Lee Sedol yw Y Garreg Gref.

Er i Sedol golli, mae ennill un gêm yn erbyn peiriant mor bwerus yn gamp anhygoel.

**Rhoddwyd yr arian i ELUSEN.**

# Mynegai

## A
addysg i fenywod 122-123
Afghanistan 17
Aifft, yr Hen 50-51
Aldrin, Edwin 'Buzz' 56-57
Alpau 62
Amazonas, afon 144
America, enwi 20-21
America, Rhyfel Cartref 117
America, Rhyfel Chwyldro 110-111
Americaniaid Brodorol 29, 39, 40-41, 129
Amundsen, Roald 46-47, 49
Andersen, Hans Christian 169
Ando, Momofuku 92-93
Anning, Mary 112-113
antibiotigau 89
anturiaethwyr 8-65, 180-181, 184-185
Apollo, Rhaglen 56-57, 97
*aqua-lung* 184
Archimedes 68-69
Armada Sbaen 25
Armstrong, Neil 56-57
artistiaid 164-165, 188-189
Atatürk, Kemal 159
athroniaeth 156-157
aur 114-115
Awstralia 36-37, 60-61
Awstraliaid Brodorol 61
awyr blymio 149
awyrennau 126-129, 136-137

## B
Babbage, Charles 80-81
balwnio 149
Baret, Jeanne 30-31
Bartholdi, Frédéric-Auguste 176
Beethoven, Ludwig van 166-167
Beibl Gutenberg 71
Bell, Alexander Graham 173
Bingham, Hiram 162, 163
Bly, Nellie 120-121
Bonpland, Aimé 32, 33
botanegwyr 30-31, 33, 76-77
Bougainville, Louis-Antoine 30
braille 173
Brooklyn, Pont 174-175
Bungaree 36-37
Burckhardt, Johann Ludwig 43
Burj Khalifa, 65
Bwdhaeth 10, 11
Byd Newydd 12, 13, 20-21
byddin terracotta 58-59

## C, Ch
cadwraeth 138-139, 146-147
caethwasiaeth 116-119
California, rhuthr am aur 114-115
camelod 61
Cameron, James 64-65
Campoamor, Clara 134-135
Capel Sistinaidd 164-165
Carter, Howard 50-51
catapyltiau 69
cemegwyr 86-87
cerddoriaeth 166-167
Cerflun Rhyddid 176-177
Clark, William 38-41
Coleman, Bessie 128-129
Collins, Michael 56-57
Columbus, Christopher 12, 20, 21
comedau 74-75
Commerson, Philibert 30
Conffiwsiws 156-157
Cook, Frederick 45
Cook, Capten James 108
Copernicus, Nicolaus 73
Cousteau, Jacques 184-185
creaduriaid cynhanesyddol 112-113
Curie, Marie a Pierre 86-87
cwmpawd magnetig 18
cydraddoldeb rhyw 124-125, 134-135
cyfrifiadureg 80-81, 90-91, 96-97, 191
Chain, Ernst 89
Ching Shih 34-35
China 10, 11, 14-15, 17, 18, 26-27, 34-35, 58-59, 154-157

## D
Daear, maint 160-161
dall a'r byddar, y 167, 172-173
Darwin, Charles 33, 82-83
Davidson, Robyn 60-61
Deallusrwydd Artiffisial 191
deifwyr 64-65, 184-185
deinameit 84-85
Dekker, Laura 150-151
Delaware, afon 110-111
Denali 145
detholiad naturiol 83
Diolchgarwch 29
Drake, Syr Francis 24-25

## E
Earhart, Amelia 136-137
Eglwys Uniongred y Dwyrain 158
Eiffel, Gustave 176
elusennau 53, 193
Eratosthenes 160-161
Erik Goch 12
Erikson, Leif 12-13, 20
esblygiad, theori 82-83
Event Horizon Telescope 104
Everest, Mynydd 52-53, 63, 148

## F, Ff
Fairfax, John 142-143
Fleming, Alexander 88-89
Flinders, Matthew 36-37
Florey, Howard 89
Frankenstein 171
Franklin, Benjamin 78-79
ffisegwyr 86-87, 94-95
Ffordd Sidan 11, 14, 155
ffosilau 112-113

## G
Gagarin, Yuri 54-55, 179
Galapagos, Ynysoedd 83
Galileo Galilei 72-73
Gandhi, Mahatma 132-133
Gaudi, Antoni 182-183
Go (gêm) 190-191
gofod, archwilio'r 54-57, 96-101, 140-141
gofodwyr 54-57, 140-141, 179
Goodall, Jane 138-139
Grimm, Jacob a Wilhelm 168-169
Grylls, Bear 148-149
Gutenberg, Johannes 70-71
gwasg argraffu 70-71
Gwrthdrawydd Hadron Mawr 102-103
gwyddonwyr a dyfeiswyr 30-33, 66-105

## H
Hagia Sophia 158-159
Halen, Gorymdaith 133
Halley, Edmund 74-75
Hamilton, Margaret 96-97
hawliau menywod 124-125, 134-135
Heatley, Norman 89
hedfan, styntiau 129
Henson, Matthew 45
Hillary, Edmund 52-53
Himalaya, Mynyddoedd 52-53
Hopper, Grace 90-91
Humboldt, Alexander von 32-33
hwylio 150-151
hwylio o amgylch y byd 22-23, 25, 31, 121, 150-151

## I, J
Ibn Battuta 16-17
Incas, ymerodraeth 162-163
India 11, 17, 132-133
Injan Analytig 81
Inuit 45, 47
Iorddonen 42-43
Irwin, Steve 146-147
Islam 158-159
Iwstinian, ymerawdwr 155
Joliot-Curie, Irène 87

## K
K2 63
Kaltenbrunner, Gerlinde 62-63
Kao, Charles Kuen 94-95
Keller, Helen 172-173
Kilimanjaro, Mynydd 145
Kingsley, Mary 180-181
Kublai Khan 14, 15

## L, Ll
Lee, Laurie 186-187
Lewis, Meriwether 38-41
Lindbergh, Charles 137
Linnaeus, Carl 76-77
Louisiana, Tiriogaeth 38-41
Lovelace, Ada 80-81
Lleuad, teithiau 56-57, 96-97
Llychlynwyr 12-13

## M
Machu Picchu 162-163
Magellan, Ferdinand 23
Mariana, Ffos 64, 65
Marshall, James Wilson 114
mathemategwyr 68-69, 80-81, 90-91, 160-161
Mawrth, planed 100-101
Mecca 16, 17
mellt 79, 171
Michelangelo 164-165
morfilod trwynbig Cuvier 65
môr-ladron 19, 26, 34-35
mynyddwyr 52-53, 62-63, 145, 148

## N, O
Nabateaid 42
newyddiaduraeth ymchwiliol 120-121
Nobel, Alfred 84-85
Nobel, Gwobrau 85, 86, 87, 94, 95
nomadiaid 61
nwdls parod 92-93
Omai 108-109
opteg ffibr 94-95

## P
Pankhurst, Emmeline 124, 125
Peary, Robert 45
Pegwn y De 46-47, 48, 49
Pegwn y Gogledd 44-45, 145
Pegynau, archwilio'r 44-49
peirianwyr 174-175
pelydrau X 87
penisilin 88-89
penseiri 182-183
Pererinion 28-29
Petra 42-43
Pizarro, Francisco 163
Plaisted, Ralph 45
pleidleisio, hawliau 124-125, 135
Polo, Marco 14-15
pop, arlunwaith 188-189
powdwr gwn 85
pwliau 69
pharoaid 50-51

## Q, R, Rh
Qin Shi Huang 59
robotiaid 100-101
Roebling, Emily 174-175
Rheilffordd Danddaearol 116-117
rhwyfo dros y môr 142-143, 149

## S
Sacagawea 40-41
sagâu, Gwlad yr Iâ 12
Sagrada Familia 182-183
Sbaen, Rhyfel Cartref 134, 183, 187
Scott, Robert Falcon 46-47
Sedol, Lee 190, 191
seryddwyr 72-75
Sffincs Mawr 131
Shackleton, Ernest 48-49
Shelley, Mary 170-171
sidan 154-155
Smalls, Robert 118-119
storïau 12, 15, 17, 168-171, 178-179, 187
storïau tylwyth teg 168-169
Sullivan, Anne 172-173
swffragetiaid 125

## T
Taj Mahal 131
Tambora, Mynydd 170
telesgopau 72, 104
Tenzing Norgay 52-53
Tereshkova, Valentina 140-141
Timbuktu 17
trydan 78, 79
tsimpansïaid 138-139
Tubman, Harriet 116-117
Tutankhamun 50-51
tyllau du 104-105

## U, V
Uemura, Naomi 144-145
Verne, Jules 178-179
Vespucci, Amerigo 20, 21
Vinland 13
Voyager 98-99

## W
Wallace, Alfred Russel 83
Wanderwell, Aloha 130-131
Warhol, Andy 188-189
Washington, George 110-111
Wright, Orville a Wilbur 126-127

## X, Y, Z
Xu Xiake 26-27
Xuanzang 10-11
ymbelydredd 86, 87
Ynysoedd Sbeis 22, 23
Yongle, Ymerawdwr 19
Zheng He 18-19

# Diolchiadau

Dymuna'r cyhoeddwyr ddiolch i'r canlynol am eu hawl i ddefnyddio eu ffotograffau:

(Allwedd: u - uwchben; g – gwaelod; c – canol; e – eithaf; ch – chwith; dd – dde; t- top)

**1 123RF.com:** Stasyuk Stanislav (tdd). **Dreamstime.com:** Blue Ring Education Pte Ltd (gch); Eddydegroot (g). **2 iStockphoto.com:** proxyminder (tch). **3 Dorling Kindersley:** Roskilde Viking Ships Museum, Denmark (gdd). **Fotolia:** Dundanim (tdd). **5 123RF.com:** Pablo Hidalgo (gc); Alberto Loyo (cg). **Dorling Kindersley:** Mangala Purushottam (tdd). **Dreamstime.com:** Fredweiss (cg/Camel). **iStockphoto.com:** serts (gdd). **6 Dreamstime.com:** Tacettin Ulas / Photofactoryulas (cg). **7 123RF.com:** Triken (gc). **Dreamstime.com:** Azuzl (gc/Mushroom). **8 Alamy Stock Photo:** View Stock (ch). **Dorling Kindersley:** Roskilde Viking Ships Museum, Denmark (gdd). **Dreamstime.com:** Brancaescova (cddu). **9 Alamy Stock Photo:** Classic Image (cg, cddg); The Picture Art Collection (cu); IanDagnall Computing (cddu). **10 Alamy Stock Photo:** Imaginechina Limited (ch). **11 Alamy Stock Photo:** The History Collection (gdd); Imaginechina Limited (cddu, gc). **12 Dreamstime.com:** Boris Zerwann (tch). **13 Alamy Stock Photo:** All Canada Photos (tdd). **Dorling Kindersley:** Roskilde Viking Ships Museum, Denmark (g). **14-15 Dreamstime.com:** Vvo (Cefndir). **14 Alamy Stock Photo:** Classic Image (cddu); Granger Historical Picture Archive (c). **Dreamstime.com:** Veremer (g). **15 Alamy Stock Photo:** Classic Image (cch, cu, c, gdd). **Getty Images:** Art Media / Print Collector (cddu). **16 123RF.com:** Christos Georghiou / Krisdog (t/Cefndir). **Dreamstime.com:** Ahmad Faizal Yahya / Afby71 (cddg); Jeneses Imre (tdd); Bodik1992 (t); Bbgreg (g). **16-17 123RF.com:** Andreykuzmin (Cefndir). **17 123RF.com:** Attila Mittl / atee83 (gc, cddu); Sergey Galushko / galdzer (tdd); Christos Georghiou / Krisdog (Cefndir). **Dreamstime.com:** Bodik1992 (gch); Jeneses Imre (c). **18 Alamy Stock Photo:** Peter Horree (cchg). **Dorling Kindersley:** Durham University Oriental Museum (gdd); Science Museum, London (cchg). **Dreamstime.com:** Jeneses Imre (cg). **18-19 Dreamstime.com:** Jeneses Imre (Boat). **iStockphoto.com:** CHUYN (cg). **19 123RF.com:** Aaron Amat (cdd); Anan Kaewkhammul (cg). **Dorling Kindersley:** Blackpool Zoo, Lancashire, UK (cddd). **Dreamstime.com:** Yinan Zhang (tdd). **Getty Images:** DE Agostini Picture Library (cu). **20 Alamy Stock Photo:** Classic Image (tc). **21 Alamy Stock Photo:** IanDagnall Computing (tdd); The Picture Art Collection (g). **Dreamstime.com:** Carla Zagni (tch). **22-23 123RF.com:** Eleonora Konnova (Cefndir). **22 Alamy Stock Photo:** The Granger Collection (cddu); Lanmas (cddg). **Dreamstime.com:** Nevinates (cg). **23 Alamy Stock Photo:** Lanmas (t, c). **Dreamstime.com:** Javarman (g). **24 Alamy Stock Photo:** Granger Historical Picture Archive (cchg). **24-25 Dreamstime.com:** Mishoo (t). **25 Alamy Stock Photo:** Granger Historical Picture Archive (cddg). **iStockphoto.com:** duncan1890 (cch, cr). **26 Alamy Stock Photo:** View Stock (ch/Mt. Wuyi). **Dreamstime.com:** Frenta (g); Lynn Watson / Luckydog1 (ch). **26-27 Dreamstime.com:** Xianghong Wu / Wxh6763 (t). **27 Alamy Stock Photo:** Tim Graham (cg). **Dreamstime.com:** Sabelskaya (cdd). **28-29 Alamy Stock Photo:** North Wind Picture Archives. **Dreamstime.com:** Mishoo (c). **29 Alamy Stock Photo:** GL Archive (c). **Dreamstime.com:** Vasyl Helevachuk (cddg). **30-31 Dorling Kindersley:** Mangala Purushottam (t). **30 Alamy Stock Photo:** Agefotostock (cu); Chronicle (gch). **Getty Images:** Hulton Archive (cdd). **31 Alamy Stock Photo:** Agefotostock (cu). **32 123RF.com:** Stanislav Odiagailo (cchg). **Alamy Stock Photo:** Granger Historical Picture Archive (gdd); Pictorial Press Ltd (cchu); The Natural History Museum (c/Beetles). **Dreamstime.com:** Coffeechocolates (c); Evgeniya Kramar (dd). **32-33 123RF.com:** lightwise. **Dreamstime.com:** Daboost (Notebook); Sergiy Bykhunenko / Sbworld4 (wood texture). **33 123RF.com:** Eduardo Rivero / edurivero (tdd); eleter (tch). **Alamy Stock Photo:** The Natural History Museum (cchg). **Dreamstime.com:** Jakkapan Jabjainai (t/Paper); Channarong Pherngjanda (ecdd); Odua (cdd). **iStockphoto.com:** proxyminder (g). **34-35 Dreamstime.com:** Jeneses Imre (t, g). **34 123RF.com:** David Benes (cddg); Storyimage (gch). **Dreamstime.com:** Hugoht (Flag). **35 123RF.com:** Storyimage (gdd). **Alamy Stock Photo:** Interfoto (gdd/game); Lebrecht Music & Arts (cu). **36-37 123RF.com:** Nataliia Anisimova (g/Cefndir). **36 Alamy Stock Photo:** Chronicle (c); Hirarchivum Press (ch). **37 Depositphotos Inc:** interactimages (cddu). **38-39 Dreamstime.com:** Andreykuzmin (Cefndir). **38 Alamy Stock Photo:** Science History Images (gdd). **Dreamstime.com:** Aleksandar Mirkovic (tdd, cra). **39 123RF.com:** Adrian Bidea (cu, cchu). **Alamy Stock Photo:** Pictures Now (cg). **Dreamstime.com:** Aleksandar Mirkovic (cu/Tree). **41 123RF.com:** Tracy Fox / rfoxfoto (cdd). **Alamy Stock Photo:** IanDagnall Computing (cchg). **42-43 123RF.com:** Znm (c). **42 Alamy Stock Photo:** Paul Brown (gch). **Dreamstime.com:** Brancaescova (gc). **43 Dreamstime.com:** Frank Bach (tdd); Znm (gc). **44-45 123RF.com:** Sergey Nivens (t). **44 Alamy Stock Photo:** Rozum (c/Cefndir). **Dreamstime.com:** Granger Historical Picture Archive (cdd); Niday Picture Library (ch); Science History Images (tc). **45 Alamy Stock Photo:** Archive Pics (cchg); Niday Picture Library (tch); The History Collection (cddu). **46 Dreamstime.com:** B1e2n3i4 (t). **46-47 Dreamstime.com:** TheImage (Cefndir). **47 Alamy Stock Photo:** Classic Image (t, cu); World History Archive (gc). **48 Alamy Stock Photo:** Colport (cddu). **Getty Images:** Frank Krahmer / Photographer's Choice RF (cchg); Frank Hurley / Royal Geographical Society (cddg). **49 123RF.com:** Eleonora Konnova (tdd). **Alamy Stock Photo:** Incamerastock (gch). **50 Getty Images:** Hulton Archive (c). **iStockphoto.com:** serts (ch). **50-51 123RF.com:** Aleksandr Frolov (g/Cefndir). **iStockphoto.com:** Kerrick (t/Cefndir). **51 Dorling Kindersley:** Durham University Oriental Museum (c). **Dreamstime.com:** Jaroslav Moravcik (cdd). **Getty Images:** Mansell / Mansell / The LIFE Picture Collection (cchg); Hulton-Deutsch Collection / Corbis (cchu). **52 Alamy Stock Photo:** Keystone Press (gch). **52-53 Dreamstime.com:** Daniel Prudek (Cefndir). **53 123RF.com:** Oleg Breslavtsev (n). **Alamy Stock Photo:** Tim Cuff (gch, egdd). **Getty Images:** Bettmann (cddg). **54 Alamy Stock Photo:** Sputnik (cddg). **Getty Images:** Bettmann (cchg). **56 Alamy Stock Photo:** NASA Archive (gch). **57 Alamy Stock Photo:** NASA Archive (gdd); Science History Images (t); The Print Collector (cchu, cddu). **Dorling Kindersley:** NASA (ecddu). **58-59 Alamy Stock Photo:** Oleksiy Maksymenko Photography. **58 Getty Images:** Ingo Jezierski / Photodisc (gc). **59 Alamy Stock Photo:** incamerastock (gdd). **Getty Images:** STR / AFP (cddu). **60-61 123RF.com:** gkuna (g/Cefndir); Tommaso Lizzul (g). **Getty Images:** Rick Smolan / Contour. **61 Dreamstime.com:** Bennymarty (cdd); Fredweiss (cchg). **62 Alamy Stock Photo:** imageBROKER (tch); yvo (cchg). **62-63 Dreamstime.com:** Albund (t). **63 Dreamstime.com:** Dmitry Pichugin / Dmitryp (cu); Ecelop (cddg). **64 Dreamstime.com:** Yevgeniy Il\'yin (cchg). **Getty Images:** Imeh Akpanudosen (gch). **64-65 Dreamstime.com:** Daniela Spyropoulou / Dana. **65 Alamy Stock Photo:** Photo 12 (tc). **Dreamstime.com:** Sabri Deniz Kizil / Bogalo. **66 123RF.com:** tawhy (cddg/Dynamite). **Alamy Stock Photo:** Granger Historical Picture Archive (gch); Heritage Image Partnership Ltd (cddg). **Dreamstime.com:** Lineartestpilot (cddg/Scientist illustration). **67 Alamy Stock Photo:** Chronicle (c). **Dreamstime.com:** Torian Dixon / Mrincredible (cddu). **68 Alamy Stock Photo:** Classic Image (cdd). **68-69 123RF.com:** Oxana Lebedeva (Cefndir). **69 Alamy Stock Photo:** (cg). **Dreamstime.com:** Dauker (c). **70 Alamy Stock Photo:** Vicky Barlow (cdd); Lebrecht Music & Arts (ch). **71 Alamy Stock Photo:** Peter Horree (cdd); Lanmas (ch). **72 Alamy Stock Photo:** Pictorial Press Ltd (cchu). **72-73 Alamy Stock Photo:** Chronicle (g). **73 123RF.com:** Camilo MaranchÃ³n garcÃa (tch).

**Alamy Stock Photo:** ART Collection (cg). **Dreamstime.com:** Destina156 (tc/Pluto); Forplayday (tc). **74 Alamy Stock Photo:** Science History Images (gdd). **Getty Images:** Hulton Archive (cdd). **74-75 123RF.com:** solarseven (g). **75 Alamy Stock Photo:** Darling Archive (cchu); NASA Archive (gdd). **Dreamstime.com:** Ke77kz (tc). **Getty Images:** Heritage Space / Heritage Images (c). **76-77 Dreamstime.com:** Ke77kz (Cefndir). **76 Alamy Stock Photo:** Antiqua Print Gallery (ch, gdd); Classic Image (gch). **Dreamstime.com:** Nerthuz (c). **iStockphoto.com:** dem10 (gch/Stethoscope). **77 Alamy Stock Photo:** The Granger Collection (cddg); The Natural History Museum (tch). **78 Dreamstime.com:** Alexlmx (tch). **78-79 Alamy Stock Photo:** Granger Historical Picture Archive (g). **79 Alamy Stock Photo:** Tony wood (gdd). **Dreamstime.com:** Denis Linine (cu); Volodymyr Scherbak (cchg). **Getty Images:** Bettmann (tdd). **80-81 Getty Images:** DeAgostini (c). **iStockphoto.com:** matejmo (Cefndir). **80 Alamy Stock Photo:** Niday Picture Library (ch). **81 123RF.com:** Roystudio (cddg); Algirdas Urbonavicius (cdd/Paper). **Alamy Stock Photo:** RGB Ventures / SuperStock (tdd). **Dreamstime.com:** Bbgreg (cu). **82 123RF.com:** Pablo Hidalgo (c). **Alamy Stock Photo:** Bilwissedition Ltd. & Co. Kg (gch). **Dreamstime.com:** Keith Levit / keithlevit (egch). **83 Alamy Stock Photo:** Science History Images (gdd). **Dorling Kindersley:** Natural History Museum, London (cddu, gc). **Dreamstime.com:** Luminis (t). **84 123RF.com:** tawhy (cddg/Dynamite). **Alamy Stock Photo:** Heritage Image Partnership Ltd (cddg). **Dreamstime.com:** Lineartestpilot (cddg/Scientist Illustration). **Fotolia:** VERSUSstudio (gch). **85 Alamy Stock Photo:** IanDagnall Computing (cchg). **Dreamstime.com:** Georgios Kollidas (cdd). **86 Alamy Stock Photo:** Chronicle. **Dorling Kindersley:** RGB Research Limited (cg). **Dreamstime.com:** Daboost (t/Notebook); Andrei Krauchuk / Rastudio (t). **iStockphoto.com:** biometar (cchg). **87 Alamy Stock Photo:** INTERFOTO (cchg). **Dreamstime.com:** Magnus Skjølberg / Maggern (tdd). **88 Dreamstime.com:** Dmitriy Melnikov / Dgm007 (cg, cddu). **Getty Images:** Alfred Eisenstaedt / The LIFE Picture Collection (dd). **89 Getty Images:** Alfred Eisenstaedt / Pix Inc. / The LIFE Picture Collection (cddu). **90 Alamy Stock Photo:** Science History Images (tch). **Dorling Kindersley:** Natural History Museum, London (c). **90-91 123RF.com:** Andrei Zaripov / undrey (g/Cefndir). **91 Alamy Stock Photo:** Science History Images (tch). **Getty Images:** Cynthia Johnson / The LIFE Images Collection (gdd). **92-93 iStockphoto.com:** bgblue (g). **92 Alamy Stock Photo:** Ketsiam (cchg). **Getty Images:** Sankei Archives (cdd). **93 Alamy Stock Photo:** Wibowo Rusli (cg). **Getty Images:** The Asahi Shimbun (cdd). **94 Getty Images:** Jonathan Wong / South China Morning Post (gch). **94-95 iStockphoto.com:** Henrik5000 (c). **96 123RF.com:** Alexander Atkishkin (Paper). **Alamy Stock Photo:** Science History Images (ch). **Dreamstime.com:** Dijarm (tdd). **96-97 123RF.com:** Dima Zahar (t/Cefndir). **97 123RF.com:** Alexander Atkishkin (gdd); Elena Polina (Cefndir). **Alamy Stock Photo:** Directphoto Collection (cchg). **Dreamstime.com:** Nerthuz (tc/Lunar Module); Rawpixelimages (tc, cdd). **Getty Images:** Chip Somodevilla (tdd). **98 Getty Images:** Oxford Science Archive / Print Collector (cddg); Universal History Archive / Universal Images Group (cg). **98-99 Dreamstime.com:** Torian Dixon / Mrincredible. **99 Alamy Stock Photo:** Art Directors & TRIP (cu); NASA Image Collection (cchg); Granger Historical Picture Archive (gc). **Getty Images:** Space Frontiers / Archive Photos (cddu). **100-101 Dreamstime.com:** Andrey Simonenko (cg). NASA: JPL. **100 NASA:** JPL (cg). **102 Alamy Stock Photo:** Rod Jones (g). **103 123RF.com:** TomÃis Guardia Bencomo (cchg). **Alamy Stock Photo:** Charles Stirling (cddu). **Dreamstime.com:** Cccsss (tdd). **104-105 Alamy Stock Photo:** PersimmonPictures.com (c). **105 123RF.com:** onston (g/Monitor). **Dreamstime.com:** Chumphon Whangchom (c). **106 Dreamstime.com:** Christine Korten (c). **iStockphoto.com:** duncan1890 (cchg). **106-107 Alamy Stock Photo:** American Photo Archive (cu). **107 Alamy Stock Photo:** GL Archive (cchg). **Getty Images:** Bettmann (cddu). **iStockphoto.com:** SongSpeckels (c). **108 Alamy Stock Photo:** INTERFOTO (cchu). **iStockphoto.com:** duncan1890 (cddu, cdd). **108-109 Alamy Stock Photo:** NAPA (g). **109 Alamy Stock Photo:** INTERFOTO (cu); World History Archive (cchw). **Dorling Kindersley:** Museum of the History of Science, University of Oxford (gc). **iStockphoto.com:** duncan1890 (cchg). **110-111 123RF.com:** Lukas Bischoff (t). **Alamy Stock Photo:** Stocktrek Images, Inc. (cg). **111 Alamy Stock Photo:** Glasshouse Images (cddg). **iStockphoto.com:** SongSpeckels (cddu). **112 Alamy Stock Photo:** GL Archive (cdd). **112-113 Alamy Stock Photo:** Nigel Cattlin (c). **113 Alamy Stock Photo:** Christopher Jones (tdd); The Natural History Museum (c). **Dreamstime.com:** Mark Turner (gc). **114 Dreamstime.com:** Joools (cg, tdd). **iStockphoto.com:** duncan1890 (gch). **115 Alamy Stock Photo:** Pictorial Press Ltd (cddg). **Dreamstime.com:** Bodik1992 (Cefndir). **Getty Images:** Time Life Pictures / Mansell / The LIFE Picture Collection (cchg). **iStockphoto.com:** CSA Images (c). **116 Getty Images:** MPI (ch). **117 Getty Images:** Afro American Newspapers / Gado (cddg); Universal History Archive (tdd). **iStockphoto.com:** duncan1890 (gch). **118 Alamy Stock Photo:** Cascoly (gc). **Fotolia:** Alex Vasilev (gc/Bag). **Getty Images:** Mondadori (cchg). **119 Alamy Stock Photo:** Everett Collection Historical (cdd). **120-121 123RF.com:** Eleonora Konnova (Cefndir). **120 Alamy Stock Photo:** GL Archive (gc). **121 Alamy Stock Photo:** Chronicle (tc); Granger Historical Picture Archive (gdd). **Dreamstime.com:** Josef Prchal (c). **122 Alamy Stock Photo:** Chronicle of World History (gch); Huu Dai Trinh (Cherry). **Dreamstime.com:** Christine Korten (cdd). **122-123 Dreamstime.com:** Vvo (Cefndir). **123 Alamy Stock Photo:** Huu Dai Trinh (cdd). **Getty Images:** Kyodo News (cchg, gdd). **124 Getty Images:** Hulton-Deutsch Collection / Corbis (gch). **124-125 Getty Images:** Popperfoto (c). **125 Alamy Stock Photo:** Heritage Image Partnership Ltd (gch). **Getty Images:** G P Lewis / Imperial War Museums (cddg). **126 Alamy Stock Photo:** Pictorial Press Ltd (gch). **Getty Images:** APIC (cddg). **126-127 Alamy Stock Photo:** American Photo Archive (t). **127 123RF.com:** Pitris (gch). **128 Alamy Stock Photo:** Science History Images (cchg). **129 iStockphoto.com:** Nosyrevy (g). **130 Depositphotos Inc:** sergeypykhonin (cchg). **Dorling Kindersley:** R. Florio (gc). **Dreamstime.com:** Alyssand (gch). **Getty Images:** Keystone-France / Gamma-Rapho (cdd). **131 123RF.com:** Elena Polina (cu). **Dreamstime.com:** Elenatur (cddu); Gagarych (gdd); Luis Leamus (cchu); Pasojo (cchg). **Getty Images:** Bettmann (cdd). **132-133 Dreamstime.com:** Sergeystupak. **132 Alamy Stock Photo:** IanDagnall Computing (cddu); Dinodia Photos (cchg). **133 Alamy Stock Photo:** Dinodia Photos (c). **134 Alamy Stock Photo:** Heritage Image Partnership Ltd (cch/Clara Campoamor). **Dreamstime.com:** Andres Rodriguez / Andresr (cchg). **Getty Images:** DEA Picture Library (tdd); Rolls Press / Popperfoto (cg). **136 Alamy Stock Photo:** IanDagnall Computing (cdd). **136-137 iStockphoto.com:** Kerrick (t). **137 123RF.com:** Eric Isselee / isselee (cchg). **Getty Images:** Bettmann (tdd). **138 123RF.com:** Iryna Volina (cchg). **Dreamstime.com:** Sborisov (tch). **139 Alamy Stock Photo:** Everett Collection Inc (tdd); FLPA (gch). **Getty Images:** Apic (gdd). **140 Alamy Stock Photo:** World History Archive (cchg). **Dreamstime.com:** Pop Nukoonrat (cdd). **141 Alamy Stock Photo:** SPUTNIK (cddg, gdd); Ivan Vdovin (c). **142-143 Getty Images:** Barbara Reichardt / EyeEm (g). **142-143 Alamy Stock Photo:** SPUTNIK (cddu, c). **143 123RF.com:** Alexandr Rozhkov (c). **Alamy Stock Photo:** Keystone Press (tdd); ZUMA Press, Inc. (cddu). **Dreamstime.com:** Artur Balytskyi (gdd). **144 iStockphoto.com:** JohnnyLye (gch). **145 Alamy Stock Photo:** Tim Plowden (c). **Dreamstime.com:** Volodymyr Byrdyak (gch); Tacettin Ulas / Photofactoryulas (cu). **Getty Images:** Keystone / Hulton Archive (cddu). **146 Dreamstime.com:** Zuzana

Randlova / Nazzu (gdd). **Getty Images:** Justin Sullivan (ch). **147 123RF.com:** Aleksandr Sulga (c/Cameraman Silhouette). **Alamy Stock Photo:** AF archive (c). **Getty Images:** John Wolfsohn (gdd). **iStockphoto.com:** Passakorn_14 (cddu). **148-49 Dreamstime.com:** Blue Ring Education Pte Ltd (Jungle). **148 Getty Images:** Visual China Group (cchg). **149 123RF.com:** Cobalt (cchg). **Dreamstime. com:** Martina Meyer / Martinam (dd/Paper). **Getty Images:** Land Rover (t); Ben Gurr - WPA Pool (cchg). **150 Alamy Stock Photo:** Panther Media GmbH (cchg). **150-151 Dreamstime.com:** Roberto Giovannini / Roberto1977 (Cloudy Sky). **151 Alamy Stock Photo:** Everett Collection Inc (cg). **Dreamstime.com:** Kenm (c). **152-153 Dreamstime.com:** Pierre Aden (gc). **152 123RF.com:** Stasyuk Stanislav (cddu). **Alamy Stock Photo:** The Picture Art Collection (ch). **iStockphoto.com:** koya79 (cchu). **153 123RF.com:** Triken (cchu). **Alamy Stock Photo:** Agefotostock (cu/Piano); Lakeview Images (cu); Hemis (gdd). **154 Alamy Stock Photo:** imageBROKER (gc). **Getty Images:** BJI / Blue Jean Images (dd/Girl). **iStockphoto. com:** Riorita (dd). **155 123RF.com:** Patrick Guenette (ecchu, cu, cddu). **Alamy Stock Photo:** Hemis (gdd); imageBROKER (tc). **Dreamstime.com:** Jolanta Dabrowska (c). **156 123RF.com:** hancess (ch). **156-157 123RF.com:** Eleonora Konnova (cu/Paper). **157 Alamy Stock Photo:** Xuguang Wang (gdd). **Dreamstime. com:** Pierre Aden (gch). **158-159 iStockphoto.com:** Explora_2005. **158 Alamy Stock Photo:** Ihsan Gercelman (gch). **159 Alamy Stock Photo:** Peter Horree (gdd). **160 Alamy Stock Photo:** Ancient Art and Architecture (gch). **160-161 Dreamstime.com:** Eddydegroot (g). **162 Alamy Stock Photo:** Pictorial Press Ltd (cg). **Dreamstime.com:** Blue Ring Education Pte Ltd (ch/Jungle). **162-163 Dreamstime.com:** Jarnogz (c). **163 Alamy Stock Photo:** Rubens Alarcon (cg). **Getty Images:** Prisma / Universal Images Group (cddu). **164 Alamy Stock Photo:** Michele Falzone (gch). **Getty Images:** Livio ANTICOLI / Gamma-Rapho. **165 Alamy Stock Photo:** IanDagnall Computing (cddg). **166 123RF.com:** Lakhesis (tdd). **Alamy Stock Photo:** Lakeview Images (gdd). **Dreamstime.com:** Elisanth (tdd/ Moon). **167 Alamy Stock Photo:** Agefotostock (g); GL Archive (cddu). **168-169 123RF.com:** Derek Simpson (t). **Dreamstime.com:** Julia Shevchenko / Laracraft. **168 123RF.com:** Triken (cddg). **Alamy Stock Photo:** The Print Collector (tdd). **Dreamstime.com:** Azuzl (gdd). **iStockphoto.com:** duncan1890 (gch). **169 123RF. com:** Olga Popova (cg); Triken (tc). **Alamy Stock Photo:** Keith Corrigan (tc/Anne Anderson); INTERFOTO (tch); North Wind Picture Archives (cchg); Historical image collection by Bildagentur-online (c). **Dreamstime.com:** Regina555 (cu). **iStockphoto.com:** ZU_09 (gdd). **170 Alamy Stock Photo:** GL Archive (tch). **170-171 Dreamstime.com:** Irochka (cg). **172 123RF.com:** Antonio Guillem (gch); Lev Kropotov (tdd). **Alamy Stock Photo:** Science History Images (dd). **iStockphoto.com:** pterwort (cchg). **172-173 iStockphoto.com:** CynthiaAnnF (g). **173 123RF.com:** Singkam Chanteb (cdd). **Getty Images:** PhotoQuest (cchg). **iStockphoto.com:** zygotehasnobrain (gdd). **174 Getty Images:** Oxford Science Archive / Print Collector (cchg, cch). **174-175 iStockphoto.com:** Kerrick (t). **175 Alamy Stock Photo:** The Picture Art Collection (gch). **Dreamstime.com:** Leungphotography (cddg); Andrey Simonenko. **iStockphoto.com:** koya79 (cchg). **176 Alamy Stock Photo:** Everett Collection Historical (cchg); NPS Photo (cdd). **176-177 iStockphoto.com:** Kerrick (t). **177 Alamy Stock Photo:** Brian Lawrence (cddu); Universal Art Archive (c). **iStockphoto.com:** Radionphoto (cg). **178 Alamy Stock Photo:** Hi-Story (gdd). **iStockphoto.com:** duncan1890 (tdd). **178-179 123RF.com:** Stasyuk Stanislav (tc). **179 Dreamstime.com:** (cchg); Vladimir Yudin (c). **Getty Images:** Bettmann (gc). **180 Alamy Stock Photo:** Granger Historical Picture Archive (cg). **181 Alamy Stock Photo:** Granger Historical Picture Archive (tch); Pictorial Press Ltd. **182 123RF.com:** Roystudio (g). **Alamy Stock Photo:** History and Art Collection (cg). **Getty Images:** Apic (gdd). **iStockphoto.com:** TomasSereda (cchg). **182-183 Dreamstime.com:** Marcorubino. **183 Dreamstime. com:** (t); Kyolshin (gch). **184 123RF.com:** Ten Theeraletttham / rawangtak (gch). **Dorling Kindersley:** Jerry Young (g). **184-185 Dreamstime.com:** Sabri Deniz Kizil / Bogalo (g/Animals). **185 123RF.com:** Ten Theeraletttham / rawangtak (gdd). **Alamy Stock Photo:** Wilf Doyle (cdd/Ship); Granger Historical Picture Archive (c). **Getty Images:** Benjamin Auger / Paris Match (gdd/Jacques-Yves Cousteau). **186 Dreamstime.com:** Boris Zerwann (ch). **Getty Images:** Hulton Archive (tdd). **iStockphoto.com:** Sylwia (gch). **186-187 Dreamstime.com:** Luminis. **187 Alamy Stock Photo:** Homer Sykes (gdd). **Dreamstime.com:** Jktu21 (tdd). **iStockphoto. com:** tiler84 (cdd). **188 Dorling Kindersley:** Museum of Design in Plastics, Bournemouth Arts University, UK (cddg). **Dreamstime.com:** Polinaraulina. **189 iStockphoto.com:** traveler1116 (cddg). **190-191 Alamy Stock Photo:** Imaginechina Limited (g). **192 iStockphoto.com:** Passakorn_14 (cddu). **193 123RF. com:** Triken (cchg). **Dreamstime.com:** Azuzl (gch). **195 Alamy Stock Photo:** World History Archive (gc). **Dreamstime.com:** Rozum (gch). **Getty Images:** Frank Krahmer / Photographer's Choice RF (cddg). **196 Dreamstime.com:** Pierre Aden (g)

**Lluniau'r clawr:** Blaen: **123RF.com:** Pablo Hidalgo gdd; **Dorling Kindersley:** Roskilde Viking Ships Museum, Denmark gch; **Fotolia:** Dundanim tdd; **Cefn: Dorling Kindersley:** Mangala Purushottam tdd; **iStockphoto.com:** proxyminder cch

Pob llun arall © Dorling Kindersley
Am wybodaeth bellach gweler: www.dkimages.com

**Hoffai DK ddiolch i:**
Kitty Glavin am arlunwaith ychwanegol. Marie Lorimer am y mynegai. Sophie Parkes am brawfddarllen. Philip Parker am wirio ffeithiau. Martin Copeland a Lynne Murray am helpu gyda'r llyfrgell luniau. Emma Shepherd ac Anna Wilson am help gyda'r ffontiau.